ヤマ・ニヤマ

yama・niyama

ヒマラヤ聖者が説く
スーパーマインドになる10の教え

相川圭子《ヨグマタ》

河出書房新社

ヤマ・ニヤマ

ヒマラヤ聖者が説く
スーパーマインドになる10の教え

目次

その2

サティヤ　嘘《うそ》をつかない／誠実

本当の自分に守られていることを知ること

その3 アスティヤ 不盗

欲望から、無知から、盗むことを止める

PART2 5つの「ニヤマ」の教え

その1 シャウチャ 清浄

その2

サントーシャ　知足

すでに満たされていることに気づく

その3

タパス　苦行／鍛錬／精神統一

目の前のことから逃げずに粛々《しゅくしゅく》と行い続ける

その4

スヴァディアーヤ 学習／自己の探求

その5 イシュワラ・プラニダーナ 降伏する

すべてを信じ、ゆだね、お任せする

序章

「ヤマ」「ニヤマ」って
何でしょう？

あなたは自分の人生を一生懸命に生きています。幸せを求めて生きています。人は生まれ、その生を終え、再び生まれるという生まれ変わりで少しずつ進化をしています。

そして計り知れない回数、さまざまな命の姿をとって生まれ変わりを体験してきました。仏教的に言うと六道輪廻《りくどうりんね》を繰り返してきました。苦しみもがく無知の生き方をしていた時もあります。人は過去生の体験の記憶、つまりカルマによって生まれてきたのです。自分を成長させるために生まれてきました。そしてあなたはこの世界で願いを叶《かな》えていっています。いろいろな職業についたり、学んで成長していっています。ギブアンドテイクというエネルギーの交換を行っています。つまりカルマの交換を行っていくのです。

しかし生きていく中で、ストレスを受けて疲れたり、退屈したり、あなたの望む状況でないこともあります。あなたは、望んでいるものが得られないと苦しみます。何かがあなたを邪魔し、痛みと苦しみが生まれるのです。世界の調和が取れていないし、人の体と心も調和が取れていない、また、家族も、社会も調和が取れていないから苦しむのです。

「ヤマ」「ニヤマ」って何でしょう？

あなたは、この世界に、学ぶために神から送られてきたのです。苦しむために生まれてきたのではないのです。この人生は成長するための素晴らしい神からの贈り物です。そしてこの人生が素晴らしいものであることを理解するために、真理を悟っていくのです。

そのためにはどうしたらよいでしょうか。無知で、やりたいことを欲望に任せて行うのではなく、人生を無駄にしないで生きていただきたいと願っています。自分を大切にして、自らを尊ぶ生き方をしていっていただきたいのです。

そのことで命の大切さがわかり、人を尊敬し、愛し始めることができるのです。あなたがここに生まれてきたのは、自分の奥深くに働く命を信じ、尊敬していくことを学ぶチャンスをいただいたのです。それは見えない力、神を信じることです。あなたはこの世界に生まれ、やがて時を経て、また肉体を捨て去っていくことを受け入れていきます。

そして人の奥には永遠の動かない存在があります。それは創造主です。それは真理です。真理は神です。それを知り信じるのです。真理からすべてが生まれます。時間を刻みます。真理によって生と死がもたらされます。すべては真理から創造され形に現れてきたのです。そのことを悟ることがヒマラヤ秘教の教えです。あなたが修行をしていくこと、真理を悟ることで、無知から解放されるのです。それが苦しみから解放されることです。

無知とは、あなたが暗闇に生きているということです。暗闇を作るのは無知です。疑いを持って生きているということです。

人は見えるところで、何かを変えたりして幸せを求めて生きています。たとえば仕事をいつも変え続けたりして幸せを求めています。しかし、それでは真の幸せに向かっているとは言えません。

私はあなたに本当の幸せを得る秘訣を叡智と愛のレベルの気づきから伝えていきます。いかに心を使うか、行為をするか、あなたがさらに幸せになるための仕方があるのです。無知を解放していく生き方です。光に向かう生き方です。ストレスを取り除く生き方、ストレスを作らない生き方です。単なる常識ではなく真理からの気づきのメッセージです。

この体と心を汚すのではなく、輝かせていく生き方をお伝えしていきます。それはサンスクリット語で「ヤマ」「ニヤマ」という教えです。「ヤマ」は禁じる戒《いまし》め、「ニヤマ」は勧める戒めという意味です。

心身、さらに魂を傷つけず汚さないで、美しく品位を高める生き方の教えです。道徳的な教えです。あなたの心と体を美しく磨く生き方のガイドです。それを実践することで、運命が改善され、すべての幸運がやってくるのです。

あなたの生き方が美しい社会を作っていきます。それらは人間として汚れない生き方です。真理に向かう生き方です。

人を傷つけません。誰にも痛みを与えません。そうすることであなたは人からの痛みを受けないのです。これが自然の法則です。宇宙の法則です。何も殺しません。何も盗みません。この人生で多くもらわないのです。

この世界に究極のサマディをなし、真理を悟った人が何人かいます。私はヒマラヤの奥地で、苦行を行い、真理を体験しました。そのことで最速であなたを幸せにできる力を得たのです。

真理を体験した悟りのマスターはあなたをガイドすることができます。あなたは成功することができます。あなたは黄金の人生を手に入れることができるのです。

真理を求める生き方を一番のお気に入りにし、趣味にするのです。たとえば人を絶対に傷つけない、それを自分の信条にします。あるいは、どんな小さなものでも人のものは盗まないと決めます。これは道徳的に正しい生き方を実践することになります。このことが最も大切です。

どのようにきれいな生き方をするか、どのように社会をきれいにするかということです。どのように家をきれいにするかです。どのように国や都市をきれいに美しくするか、きれいにすることはよい人生です。健康的な生き方です。痛みをなくす生き方です。それは個人の内側をきれいにすることで、まわりが変わっていくのです。

その生き方が世の中への教育です。子供の時に純粋に生きるよう教育する必要があります。自然の法則、カルマの法則を学ばなければなりません。

美しい肥沃《ひよく》な土地は、太陽の恵みによって、美しい植物を育み潤《うるお》いをもたらします。もし土地が瘦《や》せると砂漠となり、何も生まれないのです。

美しい水が流れています。もし水が流れないと汚れが溜まります。火が燃えています。もしその火のエネルギーをコントロールして用いないと、あちらこちらが火の海になって世界を破壊してしまいます。風が吹き嵐になります。その後は空気の汚れが一掃されます。また空があり、重力の働きをつかさどり、バランスを取っているのです。

そうした自然が私たちの中にあります。私たちの体はこの宇宙の5つの元素で構成されています。土、水、火、風、空です。それらを浄めて知っていくことで、それらに翻弄されないでコントロールでき、美しく輝く人生を全うできるのです。

この5つの元素をコントロールして、そのもとの真理に達したのが、究極のサマディの悟りです。それを浄め調和を図り、それを超えて平和となり、生命力が生き生きとして、超自然の力を得ることができるのです。

まず5つの元素を調えることで私たちは自然になり、美しさを取り戻しバランスが取れるのです。

自然から人は学ぶことができます。自然は常に与えています。何も見返りを望まずに与えています。

人間は不自然な生き方をしています。欲望を満たすために欲しいものを集める生き方をして苦しんでいるのです。その生き方は真の生き方ではないのです。最も当たり前のこと、人間として尊厳を持って、正しいモラルのもとに生きることが大切です。

他の動物は心を持たず食べ物をあさり続けています。神によってこの世界に送られた人間の真の生きる目的は何なのでしょうか。欲望は願いが叶わないと怒りを生み、そこに戦いを生み出します。それは国のレベルでは戦争という戦いさえ生み出します。そしてカルマが積まれていくのです。ヒマラヤ秘教の恩恵は自然から学び、超自然の力さえ得ていくことができるのです。

自然に学びます。自然は互いに助けあい、与えあっています。太陽は、地球に光を与え、そこに植物が育っていきます。それを動物が食べ生きていきます。川の水は植物を育みます。

すべての自然は与えあっているのです。人間もその恵みをいただいています。それに加えてさらに自然を破壊して、欲望を形にしています。そこにストレスが生じ、自分の中の自然が汚されて病んでいき、バランスが崩れ苦しみが生じて平和でなくなるのです。

人生において重要なのは愛と平和です。そのためには尊敬をし、慈愛を育むことが大切です。あなたの中の愛を育み、根源の静寂を現すことです。そして奪いあい傷つけあう社会ではなく喜びに満ちた社会を作ります。

人生を美しく作り、人生に幸せをもたらします。人間は歩き回るとカルマを作るのです。せめて座っている時には〝今〟にいるようにします。そしてさらに積極的にきれいにするために、体のバランスを取り、プラーナ（生命エネルギー）を強め、お掃除をしてカルマを焼くのです。

そして静かに座ります。聖なる音を育み、内側の蓄積されたカルマを浄化して整えるのです。それは瞑想です。あなたは動きます。美しい動きを学ぶのです。いろいろなものを踏みにじらないように、愛を持って気づきを持って動くのです。

どのように生きるのかが重要です。よりよい社会を作り、よりよいカルマを作り、日々幸せになるために、道徳の教えは欠かせないのです。

「ヤマ」「ニヤマ」って何でしょう？

先に言いました「ヤマ」「ニヤマ」についてもう少し考えていきましょう。「ヤマ」と「ニヤマ」という言葉を聞いたことがある人は、少ないと思います。

「それっていったい何のこと？」とお思いでしょう。

「ヤマ」「ニヤマ」とは、「ヨガの八支則」という8つのプロセスの中の、一番目と二番目の項目です。

ヨガというと、皆さん「アーサナ（ポーズ）」を行っている姿を思い浮かべることでしょう。しかしヨガとは本来、自分の外側も内側も浄め、神と一体になっていくトータルな心と体と魂の修行のことです。

ヒマラヤ秘教は真のヨガの教えです。ヒマラヤ大聖者（シッダーマスター）は、究極のサマディに達し、源の神と一体となり真理を悟ったのです。真のヨガを熟知しているのです。

今、健康法としてヨガに親しまれる人も増えてきたことはよいことですが、ただ体を元気にする、アーサナだけをヨガと呼ぶわけではありません。

ヨガのアーサナは不自然な動きですから、体へのこだわりを作り、人間性がアンバランスになります。アーサナだけを学び、それができればいいということではないのです。また体の成り立ちの科学がわからないと、どれをどうやったらいいのかわかりません。どこかの神経や筋を痛めることにもなりかねません。正しい先生について行わないと、成長が正しく進まないこともあるでしょう。

道徳的な学びと、さらに内側の修行も一緒にしていくのが真のヨガなのです。単に健康法として行うのはもったいないないし、そのことだけにとらわれるとそこから先に行けないので、貴いきっかけが正しく導かれず、残念な結果になってしまうのです。

それでは、「ヨガの八支則」、８つの修行のプロセスを簡単に説明していきます。

1. ヤマ　日々の中で「してはいけない5つのこと」を学び、実践する
2. ニヤマ　毎日の中で「するとよい5つのこと」を学び、実践する
3. アーサナ　さまざまに体を動かしてバランスを取る
4. プラーナヤーマ　呼吸を通して、プラーナを操作して、エネルギーを浄め、カルマを浄めていく。そのために正しい呼吸法を学ぶ
5. プラティヤハーラ　感覚のコントロールを学ぶ
6. ダラーナ　意識の集中、一点に意識を集中させることを学ぶ
7. ディヤーナ　深い瞑想を学ぶ
8. サマディ　神と一体になる、悟りへの到達

まず心がまえを学び、実践し、体や呼吸などの外側の部分のバランスが取れるように練習します。そして今度は自分の内側に入っていき、瞑想をしていく。悟りへの道を歩み、神と一体になっていく――。

それが、本来の「ヨガ」が目指すところなのです。そして、ヒマラヤの聖者は究極のサマディに達し、真理を悟ったのです。

「ヨガの八支則」の一番目と二番目が、「ヤマ」と「ニヤマ」でそれぞれ5つの項目があります。

人間は行為をします。行為はカルマといいます。行った行為は心に刻まれて、あなたのキャラクターを作っていくのです。これから行う行為でどんどん歴史が刻まれていきます。人生がよりよいものになるのかそうでないのか、それは一瞬一瞬の行為にかかっているのです。

社会生活をする人間として、人の中でいかに生きるかは大切なことです。「ヤマ」と「ニヤマ」は、そのための道徳的な教えを説いた10の項目であり、それを日常生活の中で行えるようにしていくのです。

見える部分をよくしていく道徳的な教えであり、よりよいエネルギーの功徳を積んでいきます。

よい行為のカルマを積んで、人の中でどう生きていくかを学ぶのです。神に出会う、真理を知っていくための最も大切な、基礎作りの生き方を伝える部分なのです。

皆さんが知っているヨガ、つまりアーサナは、健康法、体の調和を図るという意味合いで行っています。異文化から来た奇抜なヨガのアーサナは人々を魅了したのです。それを行うと健康面で効果はありますが、心は変わりません。むしろ、驕《おご》りが強くなったり、こだわりの強い人になることもあります。体だけを必死に鍛えるのではなく、心もきちんと修行することが大切なのです。

心は体をコントロールする存在であり、さらにそれをコントロールしているのが魂なのです。

ヒマラヤ秘教は、真理を悟った本物のマスターがいないと実践をスタートできません。

なぜなら、人の内側は過去生からのカルマが蓄積された、混沌とした暗闇であり、知恵と光を持つマスターによる水先案内が欠かせないのです。

どんな稽古ごとも、正しく学ぶには、優れた先生を選んでその先生に教えを乞うと思います。それ以上に、真のヨガを実践するにはその道をよく知る先生に出会う必要があるのです。

その道を歩むには光の存在が必要なのです。そのエネルギーをシェアすることで、最速であなたを変容させて幸せにするのです。ヒマラヤ聖者である悟りを得たシッダーマスターとの出会いで、そのことが可能になっていくのです。


人間は、また心の状態が体に現れます。

肉体を鍛えている人は、体が丈夫だと思い込んでしまいます。強い人や頑張り屋さんは、人に弱みを見せないで、いろいろ問題を抱え込んでいることがあります。

アーサナも同じようなことがあります。先にも言いましたように体に執着し偏りすぎになるのです。

いろいろなポーズができて、体が柔らかくなったり、内臓が丈夫になったりするかもしれません。

しかしそのことで得意になると、エゴが強くなって厄介なことになります。悪い心のままヨガをやると、そのエゴと力が結びつき、まわりが見えないセルフィッシュな人になるということです。

心の執着は、ヒマラヤ秘教の実践によって取ることができます。

心身の内側の浄化は一般には行うことができません。通常は、心を浄化することは難しいのです。

いきなりパワーばかりを身につけると大変なことになりますから、最初に行わなければならないのが「ヤマ」であり「ニヤマ」です。まずは心を正していく教えが大切なのです。

PART 1

5つの「ヤマ」の教え

欲望がたくさんあり過ぎ、
欲望の度合いが強過ぎると、
傷つけたり奪ったりして消耗していきます。
「ヤマ」の教えとは、
それをしないことなのです。

その1　アヒンサー　非暴力

すべてのものを慈しみ、誰も、何も、自分も傷つけない

自分の満足を求める心が、苦しみを生みます

あなたの心が平和になり美しくなるために、どのような生き方をしたらいいでしょうか。あなたは、両親の間に生まれ、それぞれの育てられ方で、すくすく育っていったことでしょう。誰もが子供から大人への成長の過程で「私」という自我、つまりエゴが目覚め、欲望が湧き始めます。人と比較し、環境がどうであるか、自分の資質がどうであるかなどがわかり、苦しみが生じ始めるのです。何かを望んで得られないと悩みます。あるいは健康面で悩むこともあるでしょう。

人と比較し、ないものに気づき、それが欲しいと思い悩むのです。人はみんなが欲しいものを探し出し、便利なものをクリエイティブに作り上げて手に入れてきました。そして豊かな現代社会を築いてきたのです。人は、いろいろな欲望を満たしてきました。さまざまな心があります。クリエイティブな心と破壊的な心があります。肯定的な心と否定的な心があります。願いが叶わないと、悲しい体験や、怒りの体験などが積み重なり、破壊的な心にもなります。

心は自分の満足を求めて生きていきます。どうしても運命に左右されて悪いことにつながって苦しい時もあります。自分が何を選択しているのか、注意深く気づいていき、内側に何があるのかと意識を覚醒させていく修行が必要です。心と体とエネルギーに偏りがないのか、どんなクオリティなのかに気づいていきます。

人は何生もの過去生から自分を守るための行為をしています。それは相手を傷つけてしまうこともあり、それが自分を苦しめていることもあります。人は自分を守るために必死に生きていますが、自己防衛は一時的な解決策なのです。

私はあなたが真に幸せになり、才能が開発され、苦しみから解放される、最高の生き方に導きます。究極のサマディ、つまり悟りからの叡智であなたが真に幸せになることをガイドしていきます。

人へ、他の生き物へ
暴力をふるわないこと

人は体があり心があって、心の願いによって行為します。そうした中で、思うようにいかずに、怒りが発生したり、悲しくなったりすることがあるかもしれません。行為が正しく行われ、より幸せになっていくために、正しく生きていくのがよいのです。欲望に翻弄されないように、正しい行為をする戒めを持って生きることが大切です。

「ヤマ」とは、「してはいけないこと」です。そのひとつ目は、アヒンサー。暴力をふるわないということです。殺生《せっしょう》をしないということです。他の人にも、他の生き物にも暴力をふるわない、殺生をしないのです。

はるか昔に宇宙が生まれ、いろいろな星が生まれ、その中で地球も生まれました。

そして地球の中に生命体が生まれてきて、海の中に生き物が生まれ、植物が生まれ、動物が生まれてきました。

その動物が生き物の主役である、長い時間がありました。動物は同じ種類でも、互いに傷つけあうことがあります。でもお互いいたわりあい、仲がいいのです。そのうちに人間が生まれました。人間もはじめのうちは、食べ物を得るために狩りをしたり、食べ物を奪いあって、暴力をふるっていました。そんな動物と同じような心からさらに進化をし、互いに譲りあい、賢者が現れ、大勢が幸せに生きていけるよう決めごとをしてきたのです。

そうやって調和を図りながら、動物の心のままでなく、さらに心が発達してきました。そして人間は美しい心になって進化していくのです。与えて、また受け取るものが、よいものになるように行為をするのです。

すべてのものを慈しんで、傷つけない。それがアヒンサー、つまり暴力をふるわない、殺生をしないという最初の教えです。

しかし、すべての人がアヒンサーを徹底できているのかというと、なかなかそうはいきません。

その1

アヒンサー　非暴力

すべてのものを慈しみ、誰も、何も、自分も傷つけない

エネルギーを怒りでなく、クリエイティブなことに昇華させましょう

怒りをコントロールできない人がいます。自分にとって都合の悪い人を殺してしまう人もいます。女性に暴力をふるう人もいます。

それらは当然してはいけないことです。

人に暴力をふるい、悪い行為をすると、その時すぐには返ってこなくても、回りまわって自分に報いが返ってきます。

小さい子供でも、兄弟に嫉妬して自分より小さい子をいじめてしまうとか、自分たちと異質なもの、違うものを見た時に、それがいけないことだとわからないままに傷つけたり、いじめたりすることもあるかもしれません。

学校ではいじめの問題があります。弱い人を見たり、何か異質なものを見ると、深く眠っている攻撃の習性が刺激されるのでしょうか。

あるいは競争社会というものは、人を差別する心を作るのでしょうか。小さい頃の

道徳教育が大切です。学校で慈しむ心を教育していきます。親は、子供にすべてのものを慈しむよう教えなければいけません。しかし暴力をふるうのは若い年代の人だけとは限りません。

大人の社会でもパワハラとか、モラハラ、セクハラ、あるいは女性蔑視、なかには幼児虐待といった悲しい報告があります。これらは思いやりのない考えのもとに起こるいじめの問題なのです。

もっと人は成長していかなければなりません。このような問題が起こることは、レベルが低いと言わざるを得ません。もっと愛ある社会にしていく必要があります。

誰もが、年を重ねるとともに自然に成長するということではありません。「キレる老人」という言葉を聞いたことがありますよね。

年を取り、体が不自由になったり、いろいろなことが自分の思うようにならない、などのいらだちからちょっとしたことでキレて、暴言を吐いたり暴力をふるったりしてしまうのかもしれません。

定年退職をしてやることがないと、エネルギーが余っていて、そのエネルギーを周囲の人のチェックに向けてしまったりするのでしょう。

目上の人への尊敬の気持ちがない、礼儀がなっていないなど、年を取った人の目から見たら、若い人ができていないこともたくさんあるでしょう。礼儀ももちろん大切ですが、ガミガミ言ったからといって直るものでもありません。まず自分がやさしい、尊敬される老人になりましょう。

相手が「ああ、こういう人になろう」「学びたい」と思うような人になるとよいでしょう。そして自分を愛します。

心を使っていると、つい他人のことをチェックしてしまうでしょう。他人を気にするために心を使うのではなく、自分と他人に気づき、自他を理解して愛し、クリエイティブなことを行うために心を使います。

人をよくしようと思うのかもしれませんが、自分の考えを押し付けていただけでは、相手に受け入れられず、平和の心から遠くなってしまいます。それは真の幸福とは違うのです。

自分でも気づかない自分自身への暴力や、「思い」の暴力もあると知りましょう

肉体的な暴力だけでなく、「思い」の暴力というものもあります。人を責めること。自分の価値観を持っていて、それと合わない人を責める。それもひとつの暴力です。親が子供を叱る。それはよく育ってほしい、という愛情からしつけとして叱っているのですが、いつしかそれが相手のためのみでなく、自分のエゴのためになっていることもあるかもしれません。

子供がきちんとしていないと自分が人から悪く思われる、というふうに世間体を気にして怒っているのなら、それも暴力になります。

そして子供に手を上げる親もいるようです。あるいは口うるさく注意をする親もいます。自分がそう育てられたから同じように叱ってしまうというのです。その心の癖は深いのです。

そういうエネルギーを発して子供を育てると、子供がよそにそのエネルギーを向け、

暴力的になってしまうこともあると思います。

深い愛から子供を育てていくのがよいのです。

シッダーマスターからのエネルギーの祝福と瞑想によって、やさしい親になり、その子供も自然によくなったという報告が多くあります。

また子供自身もシッダーマスターからの祝福を受けて、叱られることもなくなります。また、内側のエネルギーが神聖なものに生まれ変わり、いじめられる子供から愛される子供になっていきます。

子供は修行ができないのですが、子供の見えないカルマがシッダーマスターからの祝福でよくなるのです。大人も、修行や瞑想を行わなくても、シッダーマスターと出会い、つながることで変容して生まれ変わっていくのです。

自分の発した言葉が、若い人や子供に思った以上に深い影響を与えていることに気づかされ、ドキッとしたという男性がいました。そのたびに、「言葉や思いをもっと注意深くしなければ。だからこそ道徳的行動規範である『ヤマ』『ニヤマ』を意識していくことが大切なんだ」と思うそうです。

言葉も暴力になる。その男性はそのことに気づいたのです。

人に向ける暴力ではなく、自分自身への暴力もあります。自分を責めること。何か自分ができないことに対して自分を責めたり、怒る。自分を愛さない。それは暴力のひとつなのです。

自分に嘘《うそ》をつくことも、暴力になります。自分を大切にしていないのです。言葉や行動で表す以外にも、「思うこと」も暴力になります。

心には常にいろいろな思いが浮かび、「あそこへ行きたい」「これが欲しい」と思いが出てくると、行動を起こします。浮かんでくる思いは、行動の動機となるのです。ですから、否定的なことを思うとそれが行為に反映されますし、誰かを怒ったり、それがエスカレートして「殴《なぐ》りたい」と思ったり、恨みが強ければ「殺したい」とさえ思うかもしれません。

そう思ったことが動機となり、実際の行為に及んでしまうこともあります。何かの恨みや怒りで人を陥《おとし》れたいと暴力的な行為をすることはあってはならないことです。子供の頃は兄弟げんかなど取っ組みあいのけんかをする人もいるでしょう。

しかし大人になっても、エゴがむっとした時に思わず暴力をふるう人もいるようです。また言葉でうまく伝えられず、手が出てしまう人もいるようです。癖になっているのでしょう。そうした癖を直さなければならないのです。

心の中で、ふとそうしたことを考えたり、思いが浮かんだり、あるいはそうしたことにとらわれていつも否定的なことを思っていたりするだけでも、それは自分を穢していることになるのです。

「思う」というのは表面に現れないから人に気づかれないし、どんなことを思ったってよいだろう、と考えるかもしれませんが、「思い」は心の中でそれが質となって波動を作り、神経・内臓・血液と影響し、そして皮膚へも伝わります。さらに体の外側へと伝わり、その人の雰囲気を作ります。

困ったら困った雰囲気になるし、心配したら心配そうな顔になります。

言葉で言わなくても「思い」はわかるわけです。

「思い」の波動、人を嫌ったり憎んだりする思いは、そういうエネルギーを発してその人のキャラクターになるので、それに気づき、反省し、感謝や愛の思いに変えていかなければなりません。

誰でも「好きだ」「嫌いだ」と心の中で思うのですが、もっと愛を強くして、相手の立場を理解し、自分の中に何があるのかに気づいて、許す練習をしていくのがよいのです。こうした自分の「思い」に気づかずに、自分がいじめられたり、人間関係がうまくいかない原因を他人のせいにしている人も多いのです。

人は自分の心と一体になって生きているので、自分のことが見えません。他人のことは見えやすいので、人のことをあれこれ批評するけれども、自分が何を考えているかはわからないのです。

そして人を責めて、大変な過ちを犯している人が多いのです。あなたの内側に何があるか、気づいていくことが大切です。そして反省して行為を悔い改めていく必要があるのです。思いや感情、何か深い傷があるかもしれません。

あなたを幸せに変えることができるのが、ヒマラヤ秘教の教えです。その教えとの出会いで自分が変容して生まれ変わることができるのです。人も自分も許すことができるようになり、楽になり、やがて悟っていくことができるのです。

神の祝福を受けた人は幸運な人です。スピリチュアルな人、偉大な職業を持った人も幸運です。その中でも純粋な存在であるヒマラヤ聖者、シッダーマスターからのディクシャを受けられる人は最高に幸運です。

ディクシャを受けた人は、聖なる波動をいただき、神につながり、その波動を育むことができ、生涯特別な存在になります。

インドに見る生き物を殺さない心

暴力をふるわない。殺生をしない。

暴力や殺生はその人のカルマになってしまいます。非暴力、つまりアヒンサーを心がけましょう。自分のエゴのため、怒りのために、人を傷つけたり殺したりしてはいけないのです。

アヒンサーには動物や生き物に対しても憐れみを持ち、殺生をしないということも含まれます。

インドでは道にウシやサルが歩いていますが、殺したりいじめたりしないのはもちろん、追い払ったりもしません。

たとえば蚊《か》が部屋に入ってきたら、修行者の中には殺さずに取って外に出す人もいます。ゴキブリも同じです。都市部や観光地では入ってこないようにしていると思いますが、修行者の中には親切な方がいて、アヒンサーの行為をしています。

地球全体を考えれば、人間のためだけの地球ではなく、すべての生き物が共存することでバランスが取れている。そういう考え方が根本にあるのです。

ライオンなどの肉食動物は他の動物を殺して食べますが、のべつまくなしに殺すわけではありません。人間から見ると食べられる動物がかわいそうにも見えますが、そうやって自然界の数のバランスは保たれています。

皆がお互いに助け合う、という意味で食べられているのです。その動物がめいっぱい生きて、生を全うすることで、生態系のバランスは保たれているのだと思います。

人間も、農業がまだない頃に狩りをして動物を殺し、食べていたのは、サバイバルのためです。農業のできない地域に住むイヌイットの人たちがアザラシを食べたり、高地で食材の少ないチベットの人がヤギやヒツジを食べるのも、他に食べ物がないからで、生き延びるためです。

現代では、自然に生まれてくる生き物だけでなく、養殖という形で作られている生き物もたくさんいます。人間の数が増え続けているので、自分たちの糧《かて》を積極的に製造していきます。皆が生き延びるためには仕方がない面もあるのかもしれません。一方で、商売のための乱獲を戒め、自然を守り、動物を保護するようにもなってきています。

人間以外の生き物も皆で助け合って生きていることを考えましょう。それがアヒンサーの教えにつながります。

暴力につながるエネルギー、興奮を、健全な方向へ発散させていく

暴力をふるうもとになるような衝動、興奮がなぜ出てくるのでしょう。

昔、動物に近かった時の人間の本性のような、生き残るための力として、そういう力が与えられているのでしょう。

ライオンが獲物を襲う時の興奮したエネルギーと同じようなものが、原点にあるのかもしれません。スポーツをする時に「勝ちたい」という気持ちが出てくるのは、その名残《なご》りなのかもしれません。何かをやっつけたい、血が騒ぐ、というような形で人間の中に狩りの興奮が残っているのかもしれません。

ただそのエネルギーを、他人や他の生き物を傷つけるために使っていては、全く進化していない生き物ということになります。

そのエネルギーをいい方向へ向けて競争させ、健全な形で発散させていくことが必要です。

エネルギーをスポーツに向けるのはよいことですが、その場合も相手を負かしたから、人が負けたから嬉しい、と喜ぶのではなく、自分に勝つように精神を統一し、自分の持っているエネルギーを最高に生かすように使います。今までの練習成果のピークが出せるように、他人に勝つのではなく、自分に勝つのです。

そのためにも、自分の心を落ち着かせることのできる何かを持つことがよいのです。ヒマラヤ聖者が伝える高次元の存在とのつながりは、そうした精神統一の状態を作り出す助けにもなります。

人や自分を傷つけず、興奮しているエネルギーを、クリエイティブな方向へシフトさせ、昇華させる。そうコントロールできるとよいのです。

そうでないと心に翻弄され、自分を守り、他を傷つけてしまうかもしれません。正しいエネルギーの使い方が自然にできるように学ぶことが大切です。

愛から生まれた存在だと
理解できれば、暴力から離れられる

私たちは皆、愛から生まれました。

一番はじめは皆神の子であり、純粋な存在であり、満ち足りた存在だったのです。それがヒマラヤ秘教の教えであり、真理の教えです。

そこから離れてしまったために、すべてが満ちていた時のことを忘れてしまい、体と心に翻弄され、欲望に振り回されて生きています。

生活の糧《かて》を得なくてはいけないと焦り、誰も親切にしてくれない、誰も信じられない、皆敵だ、と疑心暗鬼になって暴力的になり、他者に暴言を吐いたり、皮肉を言ったりしてしまいます。そこには恐れがあり、心配があります。愛がありません。

あなたは神から愛されて、その愛から生まれた。そのことが心から理解できれば、暴力をふるったり、暴言を吐いたりしないで生きていけるのです。

しかし、そのことをわかっていくためには、瞑想をして光につながることが必要なのです。

ヒマラヤ秘教のディクシャを受け、パワーをいただき、源の存在を信じ、非暴力を実践し、慈愛を与える教えを実践していくと、人も自分も傷つけず、殺さず、他の生き物にも暴力をふるわない、愛に満ちた生き方になっていきます。

暴力をふるわないだけでなく、慈愛を育み、慈愛に満ちた生き方をしていけるのです。

みんなが尊敬しあい助けあう世の中になるのがよいのです。ただ欲望のために自分の欲しいもののみを集めるのではなく、自分の内側の素晴らしさに気づくのです。自分を愛し、まわりの人を愛する人になっていきます。自分を否定して他を否定する生き方や、他を憎む生き方ではなく、他人のよいところを発見して、愛を育むのです。自分の源につながり、本質のクオリティを外に表していきます。そして思いやりのある社会にしていくのがいいのです。

暴力をふるわないことはもちろんです。自分を守るために相手を倒すのではなく、まわりの人を愛するのです。みんな兄弟です。

一人ひとりが平和になることで世界が変わっていきます

体の中には免疫力があり、何か異物が入ってきたらそれに対応して、戦います。自分の命を守る機能がもともと備わっているのです。

病原菌が侵入してきたら、白血球は戦って体を守ります。そうすることで健康でいられるのです。自分を守るのです。自衛するのです。

すべてがそうした仕組みになっているのですが、時にそれが混乱して自分でさえ攻めてしまうこともあります。

自己免疫力が低下して混乱してしまうのです。昨今のアレルギーは、いろいろな物質が刺激をするので、心身の感覚が混乱し、何にでも敏感に反応するようになった状況だと思います。自己の免疫力を高めるには平和と生命エネルギーを増やす必要があります。

人を攻撃することは暴力ですが、暴力が自分を攻撃するようになることも多いのです。競争社会や環境汚染で、平和になることができません。そうしてキレやすく、人のせいにしやすい人が作られていきます。

社会に愛があり、バランスが取れたものであることが必要です。社会をよくするために、悪い部分を槍玉に挙げるというやり方もあると思います。でも、一人ひとりが変わり、内側を平和にして、混乱と戦いをなくすことが最も大切なことです。暴力をなくすことで、世界を変えていくことができるのです。

そして愛を育みます。神はみんなを愛しています。本質の愛に出会い、それを育む生き方、それがヒマラヤ秘教の教えです。悟りへの道を歩みます。怒りや、憎しみではなく、愛を選択します。お互いに尊敬し、助け合う人に成長するのです。人は行為をします。それが暴力であると、社会が滅びるのです。もっと愛ある行為、愛行《あいぎょう》をしていきます。

カルマとは行為、そして行為の記憶を指します。それを美しいものにします。人を傷つけない、殺さない、それは「肉体の行為」のみでなく、「言葉」を使うことも行為であり、それを美しい愛あるものにしていきます。

そして「思い」の行為も大切です。愛ある思いにします。何を思っても、思いは人にわからないからいいというのではなく、思いを美しいものにします。身口意《しんくい》の行為で、人を傷つけない、殺生《せっしょう》しないと決意するのです。さらに積極的に愛行をするのです。人を助けるのです。

人の幸せを祈りましょう。心で人をジャッジせず、人のよいところを発見し、尊敬し、愛するのです。そうした生き方をしていきます。それを完全に行うには悟っていく必要があります。悟りを目指すのです。

内側のカルマを浄化し、空っぽにして、愛を満たしていかなければ、外側の行為を完璧にすることはできないのです。まず、強い意志の力によって、人を傷つけない、人にやさしくしていこうと決意します。

あなたの人生をより美しくしましょう。カルマは繰り返し、また原因となって、同じクオリティの結果を引き出します。悪いことをすると、魂が心の曇りで覆われ不浄になります。私たちは、魂を磨き真理を悟るためにこの世界に送られてきたのです。

そのことを忘れないでください。

その2 サティヤ

嘘《うそ》をつかない／誠実

本当の自分に守られていることを知ること

自覚のある生き方が嘘を遠ざけます

「ヤマ」の2つ目は、サティヤ。嘘をつかないという教えです。誠実であるという教えです。

誰も自分は嘘をついていないと思うでしょう。自分を守る小さな嘘が重なって、さらに大きな嘘になることもあるということです。正直であることが大切です。

人から何かをだまし取ろうとするための、詐欺のような嘘は、もちろんついてはいけません。そういう嘘は、そのまま他者に対しての暴力でもあります。

その2

サティヤ 嘘をつかない／誠実

本当の自分に守られていることを知ること

二枚舌を使う。これも嘘のひとつです。

この人に言っていることと、あの人に言っていることが違う。

それは、どちらかを陥れるためのものかもしれません。自分を守るためだったり、自分だけ得をするためなのかもしれません。

どんな理由からでも、その相手を困惑させたり、どちらかが痛手を負ったり、損をこうむるような結果となるなら、嘘をついた人に罪があるのです。これも、してはいけないことなのです。


嘘は人を傷つけるだけでなく、自分も傷つけます。嘘をつくことは暴力となり、「アヒンサー」の教えを実行していないことにもなります。

嘘をついたことがカルマとなって、自分に返ってくるのです。


そういう二枚舌や、犯罪になるような嘘の場合は、本人が「嘘をつくぞ」という自覚を持って口にしています。

しかしまた、自覚のない嘘もあります。

見栄や自己防衛から嘘をつかないようにしましょう

現代は競争社会なので、人によく思われたい、自分をよく見せたい、といった見栄や自己防衛の気持ちから嘘をついていることが最も多いと思います。

自分が何かできないことがあり、できるように見せるために嘘をつく。

知らないことを、皆にバカにされたくないからと知っているふりをする。

何か失敗をしてしまったけれど、叱られるのが嫌で隠したり、自分はやっていないと言う。または、別の人がやったと言う。

とにかく自分を尊敬させたい、よく見せたいからと、やっていないことをやったと言う。

自分だけがよく思われるよう、他の人がしていないのに悪いことをしたと言う。

こういった嘘は癖になってしまっていて、本人に嘘をついている自覚がないことも多いのではないでしょうか。

その2

サティヤ　嘘をつかない／誠実

本当の自分に守られていることを知ること

皆、嘘に嘘を重ね、演じているのです。

しかし、自己防衛のために一度嘘をつくと、ずっとつき続けなくてはならなくなると思います。

犯罪のような大きな悪意を持った嘘でなくとも、毎日毎日少しずつ嘘をつき続けているととても疲れます。本当に心が安らかになる時がありません。

嘘をつき続けていく生き方は、いつも苦しく、自分を疲れさせ、安心できず、まわりから信頼されない生き方なのです。

人に対してはもちろん、まず自分に対して誠実になることです。

仏陀の説いた「八正道」について、先に私は執筆しました（『八正道』河出書房新社、二〇一七年）。この本にあるように、自分に誠実に、正しい思い、正しい行為、正しい言葉、正しい生き方を心がけていくことが必要なのです。

素の自分で生きられればもっと楽になる

自分に対して誠実に生きるとはどういうことでしょうか。

「私は自己防衛のために嘘をついたりしていない」と思っている人も、人に対してではなく、気づかずに自分を偽っていることもあります。

スポーツ選手の中には、本当は心が大変な状態になっているのに、「いや、私は大丈夫」と思っていることがあります。

悪い人の世界で、悪い人を演じていることもあります。そうしているほうがその世界では尊敬されたり、受け入れてもらえるからです。

お化粧をしてドレスを着てキレイに着飾り、肉体美を最大限に追求し、皆に羨望の目で見られる人がいます。

人はそれぞれの立場で何かになっているのです。先生になったり、会社員であったり、経営者であったり、セレブを演じたり、それらはすべて演じているのです。

でも本来の姿があります。どの場合でも素の状態の自分があるのです。家へ帰ってきてひとりで寝る時、誰のこともまわりのことも気にせずひとりでいる時、その素の自分が最もリラックスできているのではないでしょうか?

色が何もついていない純粋な存在。飾らない本来のあなた。

その状態が、自分に誠実で純粋な状態です。

その2

サティヤ　嘘をつかない／誠実

本当の自分に守られていることを知ること

嘘のない自分、素の状態の自分でいる時間が日常生活の中で多いほうが、どこへ行っても素の自分でいられるほうが、苦しさがなく、楽なはずです。そのほうがまわりからの信頼も深くなります。

サティヤとは、素の状態の自分でいる時間を増やしていくことなのです。

「正しさ」は人に押し付けず
ただ自分が誠実に生きるよう心がける

自分に誠実に、正しい生き方を心がけていくことが必要と言いました。しかし、何が正しいのか、というのは本当のところわからないのです。なぜかというと、人によって価値観は違うからです。

Aさんはものをきちんと整頓し、清潔にするほうが正しいと思っています。もちろん清潔にするのは気持ちがいいし、生きるのに大切なことがらです。

しかしBさんは、整頓ができず、あまり清潔であることに気を配っていません。Bさんは何か好きなものを作るほうに熱心です。それで人を喜ばせることに一生懸命です。

ですからうわべだけでその時にAさんがBさんを「正しくない」とジャッジし、責めてはいけません。

「正しさ」というのは、それぞれの価値観によって違うのです。

その人にとってのこだわりがありますから、人に迷惑をかけていないのなら、それに目くじらを立てるものではないのです。

男性と女性でも違うし、民族によっても違います。皆、心にはどうしても、カルマという色がついているので、その色を通した価値観になっています。

ですからいろいろな価値観があり、同じ価値観の人たちの間では「正しい」ことも、違う価値観のところへ行ったら「正しくない」こともあるのです。

そうした価値観での「正しさ」を他の人に強要したり、押し付けることはできないのです。

しかし、誰の場合でも言える「正しくないこと」がひとつあります。

それは、本当でないものを見せてしまう、無意識に自分を偽り、エゴを増大させるということです。

無意識の自己防衛の気持ち、見栄の気持ちから自分をよく見せようとする、それは生きるための方便ということもあるのかもしれません。そうしたところから、心を純粋にして意識を進化させて、本当の自分を見せていくのがよいのです。

まずはあるがままの姿でいることです。さらには本来の自分のままでいるようにすること。それが「正しいこと」なのです。

偽りのない、色がついていない、純粋性の高い存在になることができたなら、それが「正しいこと」になります。そうした純粋な自分になるために、日頃から常に自分にも人にも嘘をつかず、素の自分でいられるように心がけましょう。

まわりに影響されるのではなく、自分の中心にいる、〝今〟にいます。やがて心を浄化して、無心で純粋な存在でいられるようになる、それが「正しいこと」なのです。何かの価値観が正しいのではなく、偏りのない源の存在、真理に近づくのが正しいことなのです。

嘘はいつか必ず滅びる
本来の純粋な存在となることを目指して

明らかな悪意を持っていなくても嘘をついてしまう時があります。

時に、嘘をついてまで自分をよく見せたいという人もいるわけです。

小さな嘘は、方便としてつくのかもしれません。勉強ができるとか、親の職業を偽るとか、他人から悪く思われないように、自分を守ります。どうしても人を外側で評価することもあるので、自分が悪い評価をされないように取り繕《つくろ》うということです。

また相手が違和感を覚え、攻撃的にならないように、同じ色になる必要があるのかもしれません。私は敵ではありませんよ、というわけです。

でもそうしたことで評価されるのではなく、中身をよくすることが大切です。性格をよくし、知恵を磨き、人格を磨くことで外側でジャッジされないようになるでしょう。

アメリカのリンカーン大統領が言ったとされる言葉があります。

その2

サティヤ　嘘をつかない／誠実

本当の自分に守られていることを知ること

「少数の人をずっと欺《あざむ》き続けることはできる。多数の人を少しの間欺くことはできる。しかし、多数の人をずっと欺き続けることはできない」

数回の嘘がバレていないからこのまま続けていて大丈夫、と思っていても、その嘘に気づく人が必ずいます。これは本当です。

それがわからずに嘘をつき続けていると、まわりの人は誰もあなたのことを信用しなくなっていきます。これは、想像以上に苦しいことです。

最後には味方がひとりもいなくなり、どうしようもなくなってしまいます。

嘘は滅びます。少しの間バレていない、うまくいっていると思っていても、それは錯覚です。いつかは必ず滅びるのです。

常に自分を愛し、人を愛し、誠実に生きていくことが大切です。嘘がない状態、本来の素の自分になると、それは純粋な力になるのです。そうした人間になることが大切です。

神様に直結した純粋な力を得られるので、どんどんパワーをいただいて、クリエイティブな方向へ自分の力を使えるようになります。

人間は、嘘をついてまでよく見せたいのです。

そうまでしてよく見せたいなら、エゴで自慢をするのではなく、虚飾でキレイに見せるのではなく、自分の能力を最大限に発揮させるような努力をしましょう。皆が喜ぶようなものを作り、自分も喜べるようなエネルギーの使い方をしましょう。

そういう生き方をしていくと、周囲も喜ばすことができるし、自分もより純粋になっていけます。とてもいいカルマになっていけるのです。


競争社会を生きる中で、自分に与えられたことを一生懸命に行いましょう。また自分のカルマで自分がやりたいことがあるでしょう。

そのことを気づきをもって行います。すべては学びです。そのことで自分を高めます。よりよい成長をするためにスキルを磨くこと、またそのことで、自分の性質がより磨かれるのがよいのです。それは、魂が喜ぶことになるのです。

その3 アスティヤ　不盗

欲望から、無知から、盗むことを止める

善悪の判断を持っていながら
盗むのは、大きな罪です

「ヤマ」の3つ目は、アスティヤ。盗まない、という教えです。これも、当たり前といえば当たり前のことなのですが、現代でもそれは完全になくなってはいません。

たいていの人間は欲望というマインドを持っています。そして時に人が持っているものを欲しくなります。そしてそれが得られない時に苦しみが始まります。そのために盗んでしまうこともあるのです。それは醜《みにく》い行為となります。自分で働いて買うと

か、その思いを活用してクリエイティブに作り出すとよいでしょう。

たとえば動物は、他の動物が食べているものを取る、盗むことをします。サルが仲間が持っている食べ物を取ったり、スズメがパンくずを食べていると、ハトやカラスなどの体の大きい鳥がワッとやってきて、横取りすることがあります。

動物は、食べ物があったらそれを食べるために取るという習性、本能のままに行っていて、マインドがありません。その獲物しか目に入らないのかもしれません。その食べ物のみを狙うようにできています。まわりは見えていないのです。善悪の判断がありません。

お腹が空いているから食べる。食べるために取る。ただ生き残るために取っているのです。

人間には心があり、善悪の判断を持っています。盗むことは悪いこととわかっています。それでもお腹が空きすぎて盗むことがあるかもしれないのです。

競争の原理が働いて、みんなが意欲を持って、そうしたエネルギーが、さらにクリ

その3

アスティヤ 不盗

欲望から、無知から、盗むことを止める

エイティブなほうに働くとよいのですが、卑屈になって、人のものを欲しがり盗んでしまうようなことが起こるかもしれません。みんな正しい成長をしていく必要があるのです。人のものを盗むのはとても悪いことなのです。盗みはさらにエスカレートしていきます。

人のお金や持ち物を盗む、泥棒やスリ、万引きはもちろんいけません。

人のものを盗んだら、罪の意識で苦しくなります。あなたの魂が穢れます。地獄におちるのです。

純粋な存在でなくなるからです。

そして、盗むという行為は国の単位でも行われていることがあります。

ダイヤモンドが埋まっている国、石油を持っている国を欲しがり、戦争をしかけ、そこにあるものを奪おう、盗もうとするのです。

たとえそういった資源がない場所でも、昔は単に領土を広げるために、陣取り合戦のように力によって土地を盗んでいました。強いものが手に入れるということなのです。

それらは皆、自分たちだけが幸せであればいい、という無知から始まっています。土地だけではありません。たとえば空気は無限だから盗んでいいだろう、と、盗みすぎて代わりにガスを吐き出し続け、木を刈り続け、緑が減り、住みづらい世の中になっているのです。

海は無限だから盗んでいいだろう、と、必要以上に捕りすぎたり、海水を汚しています。

地球から見たら、人間が自然や空気を盗んでいるのかもしれません。海を盗んでいるのかもしれません。

シェアする気持ちがない、自分たちだけがよければいいんだという利己的、傲慢な心。皆がそういったマインドから離れられず、盗みすぎてしまうのです。

もっと皆で純粋になっていかなければいけないのです。

まず身近な盗みに気づき、行わないようにしましょう

国や地球の単位でなく、もっと身近なところでも「盗み」は行われています。「花泥棒はいけない」、と子供の頃に教わったと思いますが、そういう当たり前のモラルがまずあります。

誰かと約束をした時間に遅れることは、相手の大事な時間を盗んでいることになります。

学校の試験の問題を先に見て盗んだり、試験の最中に誰かの解答を盗み見る、ということもあるかもしれません。

部下が挙げた功績を、上司が自分の手柄にしてしまう。さらにそのことを、もっと上の上司に報告したとすれば、それは二重の盗みと言えるでしょう。

ひとつの企業の独自の技術を盗もうとする、産業スパイがいるかもしれません。

最近では、現金ではなく個人情報が盗みの対象になったり、インターネット上で誰かがあなたになり代わる、なりすまし、乗っ取り、などの行為もあると聞きます。そういう行為ももちろん盗みのひとつです。

そういった盗みをなくしていくには、どうすればよいのでしょうか。

罪の意識を持てる人は盗みません。罪の意識を持てない人は何も感じず、相手の立場を理解できずに、自分さえよければよいとばかりにどんどん盗み続けてしまいます。やはり、最初に道徳の教育が必要なのです。みんなが調和して生きていくには、真理からの道徳の教育が必要なのです。心は常に不足を満たそうとします。ルールを作り、分かち合っていかなければそこに争いが生じるのです。強いものが勝つ世の中になっています。その中に弱者を守るルールを作らなくてはならないのです。

人に迷惑をかけない、人を傷つけないためにも人のものを盗まない。そうした道徳的な規律をしっかりと守るのです。

ある方は、私の教えに出会って、神様に、親に、社会にたくさん与えられているのに感謝しないで、足りないものばかりに目を向けてきたが、ある時、それも「盗まない」というルールを破っているのだと気づいたのです。

そうして、与えられているものに焦点を当てて、ありがたいという気持ちで過ごしていると、自然に愛からの行為ができるようになったということです。

盗むことは、悪いカルマをさらに積んでしまうことだということを教わり、理解していることが必要なのです。

盗みをする最初のきっかけは、欲望に負けてとか、怒り、寂しさ、あるいは人の注目をひきたいとか、心の屈折した動機であり、そのエゴを満足させたかったのでしょう。

自分のエゴの苦しみを和らげるためにエゴの悪い目的を遂行してしまうこともあるのでしょう。それはエゴの命令です。エゴとは何かを知らなければならないのです。

心は常に比較をして、自分が劣っていると考えると不幸せになり、自分が優れていると思えると、楽になるのです。そのように心は常に、いろいろにリアクションします。

悲しんだり、怒ったり、苛立《いらだ》ったり、うらやましがったり、嫉妬したり、自分を責めたり、無気力になったりするのです。そうしたところから、他人が持っているものがあれば豊かさを生むと思ってしまい、それを欲しがるのです。

ものは必ずこの世界に置いていかなければなりません。死ぬ時は何も持っていかれないのです。

心が平和で純粋で、「欲しい欲しい」というマインドから解き放たれていれば、自分を尊重し、人を尊重して、盗まない人になっていけるのです。

盗まないルールも必要、
快くシェアする気持ちも必要

最近は、知的財産、アイデアや作品を盗む、ということが注目されることが多いと思いますが、これは、とても難しい問題です。

どこまでがアイデアの盗用、どこからがモノマネ、どこからが盗んだことになるのか、という線引きがとても難しい時代です。

その3

アスティヤ　不盗

欲望から、無知から、盗むことを止める

小説、漫画などの本、映画、テレビ番組の企画、建築デザインなど、さまざまな知的なもの、クリエイティブなものは、尊ばれ、ある程度守られなければいけません。

それを考え、作り出す人を守るために、ルールは必要です。誰でもが簡単にそういうものを盗める状況では、作る人に対する尊敬が生まれませんし、やる気もなくなってしまうでしょう。まわりから尊敬と理解を得られ、生み出したものに対する権利が守られるなど、安心してやる気を持続できる環境が、よりよいものを生み出すことにつながるのです。

ただ、真似をすることから始め、皆で進化していく、という部分もあります。作品としてできあがっているものではなく、たとえばアイデアの段階のもので、どこかではボツになったものを、別のところで使う、ということはあるかもしれません。

そういう段階のものまですべてを使ってはいけない、と細かく決め過ぎてしまうのは、狭苦しい世の中だと思います。

また、そういうルールを自分に都合よく使ってはいけません。

「断捨離」という言葉が商標登録されているそうですが、もともとこの言葉ははるか昔からあります。インドのヨガから伝わってきた哲学の言葉を漢訳したのだと思います。

断行《だんぎょう》と捨行《しゃぎょう》と、離行《りぎょう》のことであり、それは心の中の動きを言っているのです。外側のことでもそのプロセスを経ていきます。意識して戒めて断ちます。その執着の対象に心を向けないのです。するとそこに心のエネルギーが流れないのです。対象が捨て置かれ、関心が持たれなくなるのです。やがてそれは自分の大切なものではなくなり、執着が落ちます。自然に心のとらわれから離れて、もうくっつかない、呼び寄せないのです。

これは深い瞑想で起きる真理へのプロセスです。執着と思いが手放されるプロセスです。ものを無理に手放しても、心には執着の根があります。断捨離という行は、ものを捨ててきれいにすることではなく、心の修行なのです。

偉大な聖者からの知恵であり、利己的なものではなく人類の財産です。

何ごとも度が過ぎると、進化もしなくなっていきます。

惜しみなくシェアをする、知らない人に教えていく、というのも大事なことなので

アスティヤ 不盗

欲望から、無知から、盗むことを止める

す。

私はヒマラヤ秘教の教えをシェアしています。限られた、王様や貴族のみが行っていた、秘密の教えです。私はヒマラヤにて究極のサマディに達し、悟りの聖者のみが持つサマディパワーから生まれる「アヌグラハ」という神の恩寵《おんちょう》をシェアしています。神と一体になって生まれるエネルギーのシェアで、人が最速で変容していくのです。皆さんがディクシャでつながることで、それを受け取ることができるのです。

それは死をかけて源に達した、そこからのエネルギーのシェアであり、そういったことは誰にでもできることではないのですが、皆さんが、浄化され進化して幸せになり、真理への道を歩み、真の成長をしてほしいので行っています。世の中がよくなるためにこうした教えを説いているのです。

そのエネルギーの祝福は、信頼すること、また直接会うことで受け取れるのです。シッダーマスターの目から、体から、言葉から、手のひらから、そのエネルギーの祝福が放たれ、それを受け取ることができるのです。

身近なところでは、あなたのできることをみんなにシェアしていくのがいいのです。まず感謝を出していきましょう。尊敬を出していきましょう。奪うばかりではなく与

えることをします。笑顔をシェアしましょう。そういう愛に溢《あふ》れた行為が増えると、皆でさらに進化していくことができるのではないでしょうか。

他の命を盗まざるを得ないなら
「いただく」という感謝を

人間は立って歩く動物です。そのぶん手が解放されて自由になりました。その手で欲しいものを取ったり、作ったりと便利になりました。

それによってクリエイティブにいろいろなものが作られてきたのです。その一方でカルマも積んできました。

ヒマラヤ秘教は今から5000年以上前の教えであり、人間が純粋になる悟りを得る教えです。神のようになる教えなのです。

またその後立教した仏教の教えも、キリスト教の教えも、道徳的な教えを説き、みんなが道徳的に正しい生き方をして、人のものを奪わないで、分かち合う世の中を作

その3

アスティヤ 不盗

欲望から、無知から、盗むことを止める

ることを目指したのです。

ルールがない頃は、人は、欲望によって奪い合っていたのかもしれません。そこに自己の欲望をコントロールするという教えが現れたのです。

自分が何かを持っていないことから相手への嫉妬心が生まれ、何かを奪ったり、あるいは奪われた人が怒って暴力をふるったり、それが殺生に通じてしまうことがあるのかもしれません。

そう考えると、分かち合う考えをみんなで進めていくことが平和にとって大切なことがらであることがわかります。

ヒマラヤの教えには、たとえば果物も、木からもぎ取るのではなく、自然に落ちたものをいただいて食べるほうが望ましいという教えがあるくらいです。

「花泥棒はいけない」と話しましたが、インドの人は、花を取る時、一番上の花の部分だけを取ります。茎から折らないのです。茎を折ってしまうと、その植物が傷つくからなのでしょうか。花は、咲いて最後は落ちるだけの部分だからなのだと思います。

一度「なぜ上の花だけを取るのですか?」と聞いたことがあります。インドでは、花は、死んだ人に捧げるためにも使われますが、生きている人を供養するためにも使われます。生きている人のための供養、祈りを捧げることを「プジャ」と言います。「プジャ」は祈りで、それには花がつきものなのです。

長い間生き続け、最後にパッと美しい花を咲かせ、死に際に実を結ぶ。花は、すべての結晶の成果、成功や華やかさ、天国の象徴なのです。ですから、豊かさや幸福を願い、表すために、生きている人にも花を捧げて祈るのです。

そういう目的で使われるのなら、皆が喜ぶために使われるのなら、花も本望であろうから、という話でした。

人間が生きていくために、どうしても他の生物の命を盗まざるを得ないことがあります。できるだけ盗まないように、もしそうする時は、盗まれた生命に感謝をし、めいっぱいその命を生かしきるよう考えましょう。

日本語の「いただきます」には、そういった教えがすべて含まれていますね。

盗まないまでも、皆いろいろなものを受け取って生きています。自分では何もできなかった幼い頃、両親から面倒を見てもらって生きてきたのです。

学校でもいろいろと教えてもらいました。先達が学び、発見したいろいろなことがらを学んできました。

知識も、最初に気づいた人があり、それを学んでその上にまた新しい発見があり、そうした先達の努力の積み重ねで、さまざまな知識やものの便利さを受け取り活用しています。

それに大地の恵みをいただき、水をいただき、食べ物もいただき、太陽の光もいただいて、この空気もいただいて、生かされています。それこそ神様が作ってくださったこの体をいただき、心という便利なものを使って生きています。それらは与えられて活用しているのです。

まさにもらうばかり、いただくばかり、受け取るばかりで、その恩恵は計り知れません。自ら与えてはいないのです。こうした恵みによって生かされているのです。

それによってこの肉体を養い、心を養っています。そうしたところから、執着やこだわりを手放して、解放させていくのが真の生き方です。

誰もが皆、神様に愛されています

形あるものばかりではなく、「盗む」「盗まれる」ということで多くの人が悩んでいるのは、人の気持ちに関することではないでしょうか。最もわかりやすいのは、誰かの夫や妻を盗むことです。これは、当たり前のことですがやってはいけないことです。また、男女の関係だけではなく、親子や兄弟姉妹の間、上司と部下の間、同僚の間などでも、人の気持ちを盗んだ、盗まれたということから、嫉妬や羨望のマインドが生まれてきます。誰かひとりだけが上司に目をかけられたり、褒められたりして可愛がられていると、その人は周囲の人の妬みを買います。

会社の中だけではありません。習い事の教室や何かのグループなど、複数の人が集まる場でも、誰かが目立って評価を得ると羨望の目で見られたり、片方のグループとは親しくしていて、もう片方がされていないと感じて妬みを買う、といったことが起こるのです。

兄弟や姉妹の間でも、一番上が特別可愛がられたと思われたり、逆に末っ子だけが可愛がられた、と感じていたりします。可愛がられている当人は気づかないこともありますが、他の兄弟は親の愛を盗まれている、と感じるのでしょうか。そして陰でいじめられたりすることもあります。

親からの愛情だけでなく、周囲からの関心、比較でも妬みや羨望が起こります。同性同士のふたりの兄弟だと、特にそういうことが多く起こるようです。人は常に外からの何かが欲しいのです。愛が欲しい、やさしさが欲しいのです。それが過度になると、奪ってまでも手に入れます。

妬まれる対象になる人は、意図して誰かの気持ちを盗もうと思って行動しているわけではないことが多いのですが、人間の心というのは、すぐにうらやんだり妬んだりしてしまいます。そのことは心に留めておきましょう。

そして多くの人は「心（マインド）」に翻弄されて生きているので、誰かが褒められているところを見たら、自分への関心をその人に盗まれた、というふうに受け取り、妬むのです。

妬んだりうらやんだりしてしまう人は、そういうマインドに翻弄されないように、もっと純粋になっていくことが必要です。ヒマラヤ秘教の瞑想をし、神様とつながる、純粋な存在とつながるのが、心に翻弄されなくなる近道です。心の執着を取り、もっと愛ある心にしていきます。

また、周囲から妬まれやすい人がいます。その人はどうすればよいのでしょう。何かができたり、人との対応が自然に上手であったりすると人の歓心を得てしまうのでしょう。

誰かの歓心を特別に得てやろう、と意図していなくてもまわりの人から妬まれてしまうなら、深いところのエゴに気づきましょう。自分の出しているものはわからないのです。周囲に対して尊敬と謙虚さを出していきましょう。

無意識でも相手に対して「この人たちは何?」と感じていると、そういう気持ちは相手に伝わります。

尊敬と謙虚な気持ちを前に出し、根底に愛を持っていきましょう。

競争社会の中での普段の人間関係は、すべてにギブアンドテイクがあるのです。そこには常に与えることと受け取ること、その多い少ないがあります。

その3

アスティヤ　不盗

欲望から、無知から、盗むことを止める

自分のもらいが少ない、と妬んだり、逆に自分だけが多くもらって喜んだり。自分だけが人からよく思われよう、自分だけの成果にしよう、というような欲の多い気持ちに支配されていると、妬んだり卑屈になり、さらに盗んだりという方向へ行ってしまうかもしれないのです。

皆、愛してほしい、愛が来ないと感じています。心の執着であり渇望です。しかし心は常に欲しい欲しいで満足を知らないのです。

あなたは愛から生まれたのです。あなたの奥に無限の愛があります。それは神からの愛です。それが満ち、また神の愛によってこの世界に送られてきたのです。その愛は決して減りません。

愛は決して盗まれないのです。あなたが神の愛を信じ、そこにつながり、満ち足りることができれば、他のものを盗む必要はありません。内側が満ちているので、妬んだりうらやむ必要もないのです。

常にある神からの愛を知り、信じて受け取れるようになっていきましょう。

人は愛そのものなのです。

あなたの不足を埋め合わせるのではなく、愛を使い、育んでいくのです。無限の愛を増やしていきます。それが新しい生き方です。単に奪わないのではなく、持っているものを与える生き方です。そのことでその回路がどんどん強く、太くなり、愛が減るのではなく満ちてくるのです。

与える生き方、それはあなたの愛を出していきます。無償の愛です。奉仕をします。布施をします。そのことで欲の心が外れるのです。執着が外れてみんなが精神的に成長します。

よりよい人格になる、平和の人、悟りの人になる、真理の道を示す会、意識を改革する会などに布施をし、奉仕をするのです。そして人々の意識を引き上げるためにあなたの愛が使われていくのです。

その4 ブラフマチャリヤ　不過度／禁欲

何ごともやり過ぎない、溺れない

強力な人間の三大欲を
「し過ぎない」、を心がけましょう

「ヤマ」の4つ目はブラフマチャリヤ。純粋性を保ち、何ごとも「やり過ぎない」という教えです。人間は一度癖になると「わかっちゃいるけどやめられない」となりがちです。癖になって、それが執着となり、常にそこにスイッチが入って、コントロールができなくなるのです。

ですから、変な癖がついて、取り返しがつかなくならないように、純粋な小さい子供の頃から正しい生き方を教えるのがよいのです。

このような道徳的な戒めは、古い時代から皆教えられていました。感覚や心や体を悪いことに使ってはいけない、と戒められたのです。人を殺してはいけない、傷つけてはいけない、嘘をついてはいけない、盗みをしてはいけないと戒める教えが示されたのです。

さらに人間には、基本的な、生きるために必要な欲望があります。それが度を越すと怠惰になったり、エネルギーを使いすぎてバランスを崩し人生が台無しになります。この体と心が正しい方向に使われるように、そのことを戒める教えが示されたのです。

誰しも行ってしまいがちな行動についての教えです。

特に、人間の三大欲、「食欲」「睡眠欲」「性欲」を節制する、という教えです。

この3つの欲望は、とても根深いものがあります。なぜなら、生き残っていくため、命をつなげていくために神様が与えた欲望だからです。

命をつなぐために食べる、心身を回復させるために眠る、子孫を存続させていくために性欲があるということです。

ですから、持っていて当たり前の欲ではあるのですが、だからといってそれに溺れていてよい、というわけではありません。ほどほど、を理解している人は溺れないのですが、中には溺れてしまう人もいます。

どれも、度が過ぎるとどんどんその欲にハマっていき、バランスが取れなくなってしまいます。欲とは本当に限りがないものです。

ヒマラヤ秘教の教えは、常にバランスの取れた状態にいることを目指しています。バランスがよい状態とは、何かに偏らず、ゼロポイント、つまり中庸にいる状態です。欲に振り回されているうちは、ゼロポイントにいることができません。

過剰な欲をなくしていくには、ヒマラヤ秘教のディクシャを受け、ゼロポイントにつなげてもらいます。それは高次元の存在につながるということです。それはカルマを強力に溶かす力があるのです。

執着から離れるには、それが近道なのですが、普段の生活の中でもやり過ぎないことを、常に心がけていきましょう。

性欲に溺れずに、エネルギーを正しく使いましょう

人間の三大欲の中でも、最もやっかいなものが性欲です。性欲は感覚の欲なので、とらわれてしまうとなかなか離れられなくなります。

人間が絶滅しないため、人口を増やし、社会を作り、国を作って豊かになっていくために、結婚して子供を作り、次の世代につなげていくということは、大切です。

性のエネルギーは子供を作るのに欠かせないのですが、それが感覚の喜びになると、神が与えた本来の使い方ではなく、エゴと欲望に振り回され、執着になっていくのです。

それによって常に性欲に振り回され、生活を乱し、人生を快楽のほうに向かわせてしまうことになりかねません。早いうちに戒めて、節度のある生き方をしていく必要があるのです。

その執着で本来の自然なリズムから外れ、欲望に振り回されていることもあるので

す。

インドでは、セックスは子供を産むためだけのもの、ととらえられています。

それではなぜ性欲に溺れてはいけないのでしょう。

それは、悟りに向かうのとは逆の方向にエネルギーが使われ、またエネルギーが消耗するので、悟りへの道の妨げになり、また健康にも影響があるのです。

意識を高めるためには、功徳を積んで、よりよいエネルギーに満たされる必要があるのです。性に溺れることはそれとは逆で、常に執着し、自分の欲望の満足のために人を傷つけてしまい、また自分のエネルギーも乱れてしまいます。そのことによりエネルギーが常に漏電してしまい、意識が動物的になり、神性とは逆の方向に行ってしまうのです。

そのようにエネルギーを過剰に消耗していると、体が弱り、生命力もどんどん減って、早く年を取ってしまうのです。

また、本当の自分、魂から遠くなり、悟りから遠ざかるのです。

悟りを目指す人は、神様とつながり、純粋になっていきます。エネルギーを漏電しないために、欲望をコントロールします。そして悟るためには、性エネルギーをコントロールするとともにすべての感覚器官をコントロールして、エネルギーを蓄えるのです。充電したエネルギーは、悟りを得るために使うのです。

純粋性は、悟るためには欠かせないエネルギーなのです。

悟りを目指さなくても、生きていくためには、自分の体と心を正しく使い、本来の機能を発揮しやすいようにして、ストレスをためず、エネルギーが無駄に消耗しないようにすることが大切です。

ヒマラヤ秘教は、純粋になっていく道です。本当の自分は穢れのない存在です。心と体を緊張させず、消耗させないで、自然で純粋になっていくことで、毎日を気持ちよくクリエイティブに過ごしていくことができるのです。

不倫の欲はキリがありません
尊敬に満ちた、純粋な愛を育みましょう

男性も女性も、結婚している人が別の人と関係を持つ不倫が、今とても多いと聞きます。

ブラフマチャリヤ 不過度／禁欲

何ごともやり過ぎない、溺れない

自分の体と心を大切にできない人が多いのは、現代に規範となるものが何もないからなのでしょう。

心が退屈であったり、寂しかったりすると、ワクワクする刺激や興奮を求め、あちこちに恋人を探したり、肉欲のままに相手を取り替えていくのかもしれません。しかしそれは一時的なはかない心や体の感覚の喜びであり、深いところからは満足しません。

飽きてはまた繰り返して、常にマインドが満ち足りないのです。

そしてやがて、心も体もストレスを感じ、周囲を傷つけ、不幸な人を生んでしまうのです。

欲に振り回され、時間もお金も無駄にし、肉体もどんどん消耗していきます。

それは心と体をとても疲れさせ、ゴミを溜めていく生き方です。それは、あなたの魂が本来望んでいることではないのです。

誰かとの関係を作るのなら、お互いに尊敬をし、純粋な愛を育むこと。

互いに許すことを学び、慈愛を養い、信頼する。そういう関係を育んでいく必要があります。

尊敬を持ち、バランスの取れた本当の愛を持ちます。エゴや自分の欲望で周囲を混乱させたり、迷惑をかけたりしないのです。不幸な人を作り出さないことが大切です。お互いに調和して、学びあう家庭を作り、社会の中で感謝して、調和を保って生きていくことは大切なことです。

欲望に振り回されず、常にバランスのよいところにいられる人になっていきましょう。常に心と体の調和を図り無駄に消耗させず、より人を生かす使い方をしていくことを学びましょう。

体への愛を持てば、食べるべき内容や量がわかります

性欲以外の欲も、適度なところで止めておくのはなかなかに難しいものです。

食欲があること自体はよいことです。しっかり食べて体をよく動かし、健康な体を作っていきましょう。食べ方を健全なものにしていきます。食べることにこだわりすぎ、それに振り回されるのはよくないことです。食事にとらわれたり、食欲が抑えら

れないのが悩み、という人も多いことでしょう。

量をたくさん食べないと気がすまないという人、逆に量が少なすぎる人、生命力のない虚弱体質の人もいます。

甘いものが好きな人は、それが執着になり、毎日ケーキを食べたくなるかもしれません。

お酒が好きで、毎日飲まないといられない人は、お金もかかります。そのうちに内臓が大きなダメージを負ってしまうかもしれません。

あまり食事の質にこだわらず、ジャンクフードやスナック菓子の味などが大好きで、頻繁にそれらを食べたくなる欲求を抑えられない人もいるでしょう。

これらに入っている食品添加物などの自然でない成分を長い間摂取すると、体に蓄積して負担となります。

また量が多すぎれば肥満を招いたり、何かの病気になるかもしれません。体のことを気づかわない人は、食べられればいいとばかりに、量で満足している人もいます。

体への愛を持ち、大切に扱わなければいけないとわかっていれば、どういう食事をしたらよいのか、どれだけ食べたらちょうどよいのかがわかってきます。

「食欲に振り回されてはいけないんだ」と、急に大好きなものを完全にやめようと思うと、反動でかえってたくさん食べてしまうということになりがちです。

そういう時はほんの少しだけ口にして、体が喜んでいることをじっくり実感してみましょう。

必要な量はほんの少しのはずです。

また逆に、何々を食べなくてはとこだわりすぎるのも一種の病気と言えます。

たとえば自然食、自然食とそれにこだわりすぎると神経質になってしまいます。それが手に入らず食べられないと命が働かないほどに消沈してしまうのです。それはこだわりです。そうした心は自由な心ではないのです。

食べすぎもいけない、こだわりすぎもよくない、また食べなさすぎもこだわりなのです。健全に食べ、しっかり運動をします。すべて心の材料であり、肉体の材料です。あなたはさらにそれらを超えた存在で、自由自在な存在なのです。

あなたが自分の本質、本当の自分の正体を知ることは、すべての欲望から自由になることです。ディクシャで源の本質につながることで、そうした欲望から自由になっていくことができるのです。源に近づくことで、心の働きが浄化され、欲望が外れていき、すべてバランスが取れてくるのです。

睡眠欲も、実は感覚の欲と気づきましょう

睡眠欲は、三大欲の中では罪のないもののようにも感じます。眠ること自体はよいことですし、ストレスが多く、寝たいのに寝られないという人も多いそうです。昼間神経を使いすぎて興奮しているのか、しっかりリラックスの仕方を学ばないと深く眠ることができません。そうすることで、必要な睡眠をとることができます。

しかし、眠りすぎるのもよくありません。寝ても寝ても眠い、いくらでも寝ていたい、布団から出たくない、などと感じている場合は、「寝ているのが気持ちいい」と執着している欲望なのです。眠ると気持ちがいいという身体の〝感覚〟の虜《とりこ》になっているのです。

つまり睡眠欲というのも、実は〝感覚〟の執着なのです。その欲は心の思い、そのエゴに負けて溺れている、ということです。

眠りすぎても体はだるくなり、疲れてしまいます。体の機能が低下して働かず、老廃物がきれいに掃除できないのです。また神経をあまりにも使わずだらけると、そのリズムが狂い、働きづらくなり、新陳代謝が鈍化してだるくなるのです。

太陽が昇るのと同時に目覚め、体が活性化して活動領域に入り行動します。日没して夜になったら頭と体を休め、眠り、エネルギーを回復します。人間の体にはそういう自然なリズムがあるので、そのリズムにのっとって夜には充分休息するのです。

それが、体にとっての正しい眠り方です。

それに反し、昼間ずっと眠たかったり、朝や週末にずっと寝ていたい、という場合は、睡眠欲に翻弄されているということなのです。

体を正しく使っていくためには、睡眠欲に支配されないこと。自然のリズムにのっとった生活を心がけていきましょう。私は睡眠をコントロールできるので、ちょっとした時間で深く瞑想に入り、すぐ回復します。10分間でも8時間に匹敵する睡眠になるのです。

その4

ブラフマチャリヤ　不過度／禁欲

何ごともやり過ぎない、溺れない

深い瞑想は神の領域となり、そこからの光で、すべての心身が回復して、よみがえるのです。休息を深くして内側が積極的に整ってバランスが取れるのです。

それは長い修行の賜物《たまもの》です。誰もがそうなるわけではありませんが、そうした神秘の力は誰にでも備わっているのです。

一般には眠ってばかりいると自律神経が狂ってしまいます。陰のエネルギーが強すぎるのです。もっと目覚めるエネルギーを強める必要があります。昼間は眠くても寝てはいけないのです。無理しても目を覚ましていなければなりません。昼間は眠りをつかさどる神経を働かせないようにしていくのです。

仕事も運動もし過ぎています

ゼロポイントにいられるようになりましょう

ブラフマチャリヤは、三大欲以外のことにも当てはまります。

純粋な生き方をするということです。

仕事をし過ぎてしまう、携帯電話を見過ぎてしまう、買い物をし過ぎてしまう、などは、やはり自然なことではなく、バランスが取れた状態ではありません。

そういったことの根本には、「人よりもお金を稼ぎたい」「人に対して威張りたい」「とにかく誰かと話していたい」「もので自慢をしたい」、というような、さまざまな欲があるのだと思います。それが執着になって繰り返されているのです。

バランスの取れた、調和の取れた心の使い方ができるようになれば、そういったやり過ぎるということがなくなっていきます。執着を取って〝今〟にいることができるのです。

運動も同じです。ヨガのアーサナだけにこだわり、そればかりをやり過ぎるのはバランスのいいことではありません。

スポーツジムなどで行う運動も同じです。

自然界の動物は、毎日筋肉トレーニングをしたりはしません。必要な時にだけ全力を出します。

毎日のように過度な負荷をかけて動かしすぎるのは、おかしなことなのです。

そうやって不自然に運動をし続けていると、体全体が常に異常な興奮状態になっているかもしれません。わかっているけれどもやめられなくなってしまいます。そのように、過剰な刺激によって、バランスを取る力が失われると、体内に異物が入ってきた時にそれが敵かどうかも見極められず、無駄に攻撃をしようとして、アレルギー反応を引き起こしてしまうかもしれません。

自然でないことを続けていると、体も心も判断力がおかしくなってしまいます。ヒマラヤシッダー瞑想をすると、執着が取れてバランスを取り戻します。神経が安らぎ判断力が正常に戻ってきます。

宇宙の愛に気づき、心と体を愛から使うことに気づけます。欲に振り回されず、常に中心にいることができるようになっていきます。それは無心のところ、ゼロポイントと言えるでしょう。

瞑想をして、やり過ぎていたこと、執着に気づきましょう。欲から離れ、調和の取れた状態を目指しましょう。

その5 アパリグラハ 不貪

「もっともっと」とむさぼらない

どんなに欲しがっても、
死ぬ時に持っていけるのは魂だけ

最後の「ヤマ」は、アパリグラハ。むさぼらない、という教えです。

これは、4つ目の「ブラフマチャリヤ」とつながっている部分もありますが、何ごとに対しても、「もっともっと」と欲しがらず、執着をしない、ということです。本当の自分に出会うため、あるいは本当の幸せになるためには、心の欲に翻弄されないということです。心を曇らせないことです。

その5

アパリグラハ　不貪

「もっともっと」とむさぼらない

むさぼるということがわかりやすいのは、ものをたくさん持つことです。

多くの人は、欲望からあるいは寂しいからといろいろなものを持つことで幸せになろうとします。それらに依存するのです。

洋服にしろバッグにしろ、車や宝石にしろ、次から次に新しくてよいものが出てくるのでキリがなく、どんどんエスカレートしていきます。

単に癖で買ってしまうということもあるかもしれませんが、ものをたくさん持つことで、他の人からうらやましがられたい、というエゴの気持ちもあります。またものばかりでなく、資格を欲しがったり、タイトルを欲しがったり、あるいはさまざまな体験にしがみつくのです。

心は完全に満足するということがありません。人はクリエイティブなものをどんどん作り、刺激を与えるのです。それを見て、興奮して新しいものが欲しくなるのです。

確かに、人間のそういう欲があるから、いろいろなものが進化している、という面もあります。テレビは白黒だったものがどんどん進化して、８Ｋというものにまで進化していたり、手で洗濯していたものが、スイッチひとつで洗濯できるような洗濯機が出てきたりしました。

最近では、ロボットの進化も目覚ましいようです。それこそ寂しい人に話しかけてくれるというロボットまで出現しました。人間には愛がないというのでしょうか。思いやりのない人間からではなく、人工的な思いであるロボットの愛を望むようにさえなったということです。

次々に新しいものを作り、古いものは新しいものに買い替えないと経済を回していけない。それが、現代の資本主義社会の成り立ちでもあるのです。

しかし、それですべての人が幸せになっているのでしょうか。

どんなにものをたくさん持っていても、幸せでない人がたくさんいます。ものを持てば持つほど、それを「失くしたらどうしよう」「失くしたくない」、という不安や恐れの気持ち、そのものへの執着が出てきます。

常に心が平和でなく、振り回されていて、幸せを感じることができません。またものではなく、人とのつながりに執着したり、地位や名誉に執着するということもあります。

本当の幸せを求めるなら、そうしたものに振り回されることをやめる生き方を学んでいかなければいけないのです。

その5

アパリグラハ　不貪

「もっともっと」とむさぼらない

人間は、死ぬ時は何も持っていけません。

生まれてきた時と同じで、ものは何ひとつ持っていけない。集めたものは全部置いていかなくてはいけない。

持っていけるのは魂だけなのです。あなたの命が大切なのです。

それがわかると、ものを集めることに汲々《きゅうきゅう》とし、それに付随してくる不安や恐れを抱え込むことは意味がない、とわかると思います。

ものに執着している心も、意味がないとわかるのではないでしょうか。

これは、ものを何ひとつ持ってはいけない、ということではありません。

本当に必要なぶんは持っていてよいのです。

ただ、必要以上の量、使うことができないくらいの量を持ちたがることが「むさぼる」という状態なのです。

ものにばかり意識を向けていると、思いやりや感謝などの大切なことを忘れてしまいます。自分のことも人のことも、持っているものを基準に考えることしかできなくなります。

そんな執着や悪循環を断ち切るために、ヒマラヤシッダー瞑想をして、内側が満たされるような修行をしましょう。

源の純粋な存在とつながり、愛されていることがわかると、多くのものがなくても、本当に内側から満たされます。不安や恐れがなく、「もっと」と渇望するような苦しさのない平和な自分となれるのです。

「もっともっと」が消えないのは、心の要求に翻弄されているから

「もっともっと」という気持ちは、ものだけでなくさまざまなことがらに出てきます。4つ目の「ヤマ」のブラフマチャリヤでお話しした三大欲、食欲、睡眠欲、性欲も、「もっともっと」と求めてしまいがちなことです。

それらを欲望のままにむさぼっていると、病気になったり、体のエネルギーをいたずらに消耗してしまい、常に疲れている人になってしまいます。

その5

アパリグラハ 不貪

「もっともっと」とむさぼらない

溌剌《はつらつ》とクリエイティブに生きたいのなら、どれも適度なバランスを知り、ほどほどでやめておくことが必要です。

三大欲は肉体面の欲ですが、精神面の欲もあります。

最近はインターネット上のＳＮＳで、自分の私生活を見せるということが流行していると聞きました。

自分を見てほしい、という気持ちはエゴから生まれます。

普通の人が私生活をさらけ出し、自分を表現したい、見てもらいたい気持ちで行っているのなら、それはエゴが肥大している状態だと思います。

「とにかく私を見て見て見て……」という状態は、心の満足だけを追求しているのです。心というものは、多くの人が思っているように〝その人自身〟ではありません。常に動き回り、変化していくのが心です。

心はとても不安定なもので、次から次へと要求を出してきます。

皆「寂しい」「目立ちたい」「自慢したい」「人に勝ちたい」……といった心の要求

に翻弄されすぎて、疲れています。

本当のあなたは、心ではありません。心のさらに奥に存在する魂です。その魂は宇宙とつながっていて、それはとても純粋なものなのです。それに気づくことができれば、あなたの内側は常に大きな愛で満たされていて、かけがえのない存在であることがわかるはずです。

自分の内側が満たされて純粋な状態でいれば、誰かに認めてもらいたくて自分がどう見えるかを気にしたりすることがないのです。あるいは昨今流行《はやり》のように、もっと人に評価してもらいたい、愛が欲しいと、自分の生活を見せて、反応を得たいという気持ちになったりはしないのではないでしょうか。

純粋な体と心でいるというのは、路傍《ろぼう》の石のように、花のようにただ存在することができるということです。

それには内側を満たしていくような修行をしていかなければなりません。

その5

アパリグラハ 不貪

「もっともっと」とむさぼらない

エゴからむさぼる生き方ではなく、すべてを分かち合う生き方を目指しましょう

植物のことを考えてみましょう。

木は何もしません。何の行為もせずに立ち、太陽を浴びて光合成をし、地面から水を吸い上げている。それだけをしています。

自然というのは皆そういう純粋な存在なのです。

人間は、生きるために動き回ります。食べ物を求め、肉を求めてハンティングをしに出かけていきます。

そのうち動き回らなくても食べられるよう、農業を始めます。そうやって肉体を維持しているうちに、動物や植物とは違う形に心が発達しました。

心が発達しすぎたために、エゴが生まれ、肥大し、カルマを背負いこんでいます。

心を満足させるためにエゴをどんどんくっつけながら生きているのです。

人間だけが、不純なものをくっつけているのです。

喜びが欲しいからと、ものやお金を欲しがる、浮気を繰り返す。「欲しい欲しい」と貪欲な心に動かされて、盗んだり、人を責めたり攻撃をしかける。

好きなものだけを取り入れて嫌いなものを排除するという区別をする。

そうやってむさぼっていると、欲は雪だるまのように延々と膨らんでいきます。欲のままに取り込んでいると、あなたはどんどん不純になっていきます。

あなたの根源には、魂という純粋な存在があるのです。その魂を汚さずに生きていかなければなりません。

そのために、この「ヤマ」の教える道徳的な行為を、現代社会の中でも行っていくとよいのです。

生きるために必要なものは手に入れてもかまいません。

しかし、手に入れるために誰かを攻撃したり、嘘をつく方法ではなく、クリエイティブなことをしていきましょう。

自分も喜び、皆のためになるようなクリエイティブなことをしましょう。もし富が

その5

アパリグラハ 不貪

「もっともっと」とむさぼらない

手に入ったなら、さらにそれを分かち合いましょう。

皆が幸せになるように使っていきましょう。ただ自分が純粋でいようと存在するだけでなく、積極的に魂の喜ぶことをしていく行為は素晴らしいことです。

皆の魂の成長のために使ってください、とシェアするようになる。そんな人が増えていくと、今よりもっといい世の中、純粋な世の中になっていくのです。

個人のエゴからむさぼりつくすのではなく、人類を幸せにしたいというような願いから何ごとも行う。

そのためにも、あなたの心の奥にある純粋な魂に気づき、その純粋性を維持していきましょう。

ヒマラヤ秘教は、真理を悟っていく、究極の成長のための実践の教えです。より質の高い人になるためにはどのように生きていったらいいのか、それを示しています。

本来当たり前にやらなければならない生き方も含まれます。

真理を悟った聖者からの、真に幸せになるための生き方のガイドなのです。

その教えでは、まず行為を正しくしていくことが、指導されます。これまで「ヤマ」、やってはいけないことについて述べてきました。キャラクターが作られる重要な要素です。

行為は、人間を構築するように塗り固められ、
人の行為である、一瞬一瞬の思いと、言葉と体の行為がカルマを積みます。自分のことしか考えていないと、一見自分にとってはよいように思えるかもしれませんが、他を傷つけたり、あるいは悪いことであると、ゆくゆくはそれがあなたに還ってきて、大変なことになるのです。

そしてその記憶はカルマを汚すことになります。ですから、カルマを汚さないで純粋な生き方をしましょうということなのです。

誰もが、つい自己防衛で、相手から自分を守ろうとします。それが自分を傷つけたり、必要以上に何かにこだわり、また相手を傷つけたりするのです。

まず、どう行為をしたらいいのかを見つめ、悪いことをしない、そうして、自分の持っているキャラクターを大切に、自分を見直し、それを愛し、満足して使っていくことを覚えるのです。また満足を知り、もともとの自分が満ちていることを確認するのです。

自分との対峙《たいじ》の仕方を学ぶのです。ないものを探して集めるのではなく、自分という神様から与えられたもともとのキャラクターを見直して、そこに立ち返り、それが生かされる行為をしていくのです。

あるがままを愛するのです。何も余計なものをつけない、素の自分を見つめます。裸の自分です。全身に血が巡り、生命力があり、生まれたまま、何の思いもない、ただあって幸せな自分です。

それで最高のバランスが取れています。神様につながり何の不安もないのです。何も必要としません。お母さんのお腹の中にいる時は、何も飲まず食べずに生きていました。呼吸もなく、ただそこにあったのです。そしてすべてが生きているのです。

ヒマラヤ秘教の生き方のガイドは、あなたを輝かせていきます。穢す生き方ではなく純粋性を現すものです。そして、すでに染められた心身を浄めるためにヒマラヤシッダー瞑想があるのです。その実践はあなたの心の曇りを浄化し、魂の輝きを取り戻してくれるのです。

PART 2

5つの「ニヤマ」の教え

焦ったり妬んだり勝とうとしたり、
心の動きに翻弄されて生きるのではなく、
安心し、安定し、溌剌と生きるために、
日常生活の中から
魂の純粋性を保つよう心がける。
常に満たされている
あなたでいるための教えが
「ニヤマ」の教えなのです。

その1

シャウチャ　清浄

体も心も清らかに保ち純粋になっていく

水で心身の汚れを常に浄めましょう

「ニヤマ」の教えは、「ヤマ」の教えとともに日常生活の中で、積極的に行うよう心がけていくとよい5つの教えです。

そのことで精神的に浄まり、修行がより楽にでき、悟りに向かい、神に出会うことができるのです。今この社会の中でもあなた自身がよりよい質の人になることが、環境を浄化し、みんなを幸せにすることになっていきます。

「ニヤマ」の教えは、さらによりよいエネルギーになるために積極的によい行為をしていくことです。美しい行為、無償の行為をしていくことです。

欲の行為ではなく欲を落とし、欲が出ない行為をしていくことです。それによって、この生を支えている存在である神に出会っていきます。その存在を知らないから苦しむのです。そこに向かっていきます。

なぜならそれが自分の本来の姿であり、そこに到達しなければ嘘の人生を歩んでいることになるからです。真理に出会うことが人生の目的なのです。

そこに向かうため、この体と心をどのように扱っていけばよいのでしょうか。

先に「ヤマ」として、やってはいけないことについて触れ、併せて、人やものとのかかわりの中でカルマを浄める生き方を伝えました。

ここではさらに本質につながるため、「ニヤマ」、やっていくとよい行為について述べていきます。そのことで、無知、暗闇、不幸の方向ではなく、自分が輝く生き方のほうに導かれるのです。

そのひとつ目が、「清潔」です。「シャウチャ」といいます。日常生活の中で、心身を清らかにする行為をしましょう。まず、自分の心身を清潔にしましょう。また身のまわりの環境も浄めていきましょう。そういう教えです。

その1

シャウチャ　清浄

体も心も清らかに保ち純粋になっていく

住まいや環境を清潔に整えます。掃除をしたり、自分もしっかり、きれいに体を洗います。水はより精神を浄めるという意味があります。

水は汚れを洗い流してくれる、素晴らしい性質があります。

さまざまな宗教において水は欠かせないものです。心の清浄、清潔の象徴です。インドでは沐浴《もくよく》がよく知られています。インドの人は汚れを落とすだけでなく、水で心も浄めるという意味で、朝早く、神様への祈りに向かう前に、水を浴びるのです。それがないと一日が始まらないのです。またキリスト教でも洗礼に水を使います。

チベットに行った時、チベット仏教のお寺で、毎朝たくさんお水を入れた小さなボウルやキャンドルの光を捧げている光景を見ました。また灌頂《かんじょう》といわれる出家の儀式でもお水を使っていました。

また日本の神道や仏教では、祈りを捧げる前に冷水を浴びて浄める、禊《みそぎ》、垢離《こり》、または水行《すいぎょう》や滝行《たきぎょう》も、よく知られていると思います。

ヒマラヤ秘教はそれらの原型です。ディクシャという伝授式では水で浄め、また日々、聖者の聖水で浄めます。水は体を洗うことで罪の穢れを洗い流す力を持っている、という位置づけです。心をも浄め、カルマを浄めるのです。

普通の水であっても、水の力で生理的にも汚れを落としたほうがスッキリします。日本では温泉が湧くので、お湯に浸ってリラックスするという習慣が根づいていま す。そして夜に入浴するのですが、気候的にもインドより寒いので、温まってぐっすり眠るという環境に沿った考えです。

インドにおいて水に浸ることは、浄めるという精神的な意味合いが強く、心のカルマを浄める意味での沐浴を行います。

インドのガンジス川は聖なる水として知られています。神が住むといわれるヒマラヤの山々から溶け出したミネラルなどがたくさん含まれている水だからそう呼ばれるのでしょう。

インドの人たちはガンジス川に年に何回かお浄めに行きますが、行けない時には穢れや汚れを洗い流すという意味でバケツの水をかぶります。

またヒマラヤ秘教では、ヒマラヤ大聖者（シッダーマスター）のエネルギーを入れた水、聖水は、特別な力を持つものとして尊ばれます。聖なる波動を持つ聖水によって、肉体のレベルのみでなく、心と魂までも浄められ生まれ変わることができます。

それらを聖なる水としていただき、体を浄めたり、飲んだりすることでも、日々の

その1

シャウチャ 清浄

体も心も清らかに保ち純粋になっていく

お浄めができるのです。

そんなふうに宗教や精神世界のさまざまな場面で、水が使われているのです。

水は宇宙の構成要素である五大元素のひとつであり、いろいろなものを洗い流す、押し流す力を持っています。

すべてを流して浄める力の象徴なのです。

浄める力、聖なる力もある一方で、洪水を考えるとわかるように大切なものも一気に押し流してしまうパワーを持っているため、人間は水に畏れの気持ちを抱くようになりました。

また、水に塊を溶かす力や、水を通してろ過することで、悪いものを遠心分離器のように分ける力もあります。

粒子の大きさの順に層を作り、一番上に不純物のないきれいな層を作ることができます。

だからこそ、意識を純粋に進化させていく修行や瞑想、儀式の時に、不純な心、ネガティブな心などをろ過し、浄めていく象徴として、水で体を浄めるという形になっているのでしょう。

私たちの体の中にある宇宙の5つの元素のひとつである水の要素は、血液や体液です。それを純粋にするのがヒマラヤ秘教の修行でもあります。「アヌグラハの恩恵」や、秘法の瞑想でそれらの要素を浄めて品質を変え、悟りに導かれるのです。

「ヤマ」「ニヤマ」の道徳的な教えを心がけ、実践します。それとともにより純粋な魂へ近づくために、毎日きれいな水で心身を浄めましょう。

ヒマラヤ秘教を伝える私のところでも、究極のサマディ、つまり解脱《げだつ》のエネルギーを込めた聖水で浄めます。水は形が自由自在である上に、何でも流すのです。

精神的な修行と併せて行ってこそ「断食」の意味があります

水で体の外側を清浄にするのは大切です。

また体の中を浄めるために聖なる水を飲みます。それとともにヒマラヤ聖者をはじ

その1

シャウチャ 清浄

体も心も清らかに保ち純粋になっていく

め悟りのマスターがタッチした食べ物は聖なる食べ物となり、「プラサード」と呼ばれます。神からの贈り物という意味です。インドの人は、そのほか聖者からの食べ物の贈り物をとても尊びます。

また体の中を浄めるには、きれいな環境で育った、純粋なものを食べるのがよいのです。インドの司祭階級の人、出家の修行者、スピリチュアルな祈りや修行をする人は完全なベジタリアンです。

殺生の罪になるということで、肉や魚という動物性のものは一切食べません。司祭は、自ら料理したものしか食べないのです。

インドでは宗教的な理由で、一般の在家の人が半断食を行い、体の内側を浄め、自分の欲を断って神に祈ります。それは星の運行が関係する特別な月の週間に行われ、果物など決められたもののみ食べるのです。

そして神に祈ります。出家の修行者にも決められた断食の修行がありますが、正しい祈りとともに行われます。

イスラム教ではラマダンといって、日の出から日没までの時間の断食を、1か月間行うといいます。日の出前と日没後は食事をするそうです。ラマダンは、病人や妊婦、また貧しい人は行わないようです。

日本においても、最近は断食を取り入れる人もいるようですが、それはただ食べ物を摂らないとか、あくまでも肉体的な理由のみで行っているようです。週末にだけ行う「プチ断食」という言葉もあるようです。

現代人は皆一様に食べすぎているので、たまに内臓を休めるのはよいことと思います。

しかし、やはり精神的な内側の修行を伴わないままに行うと、かえってバランスを崩すこともあるのです。

正しいマスターについて、正しいガイドのもと、精神的な修行も並行して断食を行うのがよいのです。

私が行う合宿は、心身をきれいにする修行や食べ物の摂取や半断食を取り入れています。それは「カヤカルパ」といい、不老長寿、若返りという意味です。内臓を浄めて体質を改善します。さらに特別なヒマラヤ秘法瞑想の伝授を受けての瞑想で生まれ変わることができます。

正しいガイドのない断食はかえって体調が崩れて、自責や後悔の気持ちも芽生えてうまくいかないのです。

注意したいことは、断食だけをピンポイントで行うと「自分は体にとてもよいことをしている」というエゴの満足だけになることです。

あのお釈迦様でさえ、精神的な目的で苦行の断食を行って、死にそうになったのです。修行をする体力もなく、スジャータという方におかゆをいただいて、最後の力を振り絞って瞑想修行をされ、その後、人々に中庸を勧めています。

ですから、こうした極端なことにとらわれるのではなく、日々バランスの取れた食べ方がよいのです。断食にこだわる時は指導者のもとで正しく行うのがよいのです。座ることにもエネルギーが必要なのです。また、変容をするには高次元のエネルギーが必要です。

ヒマラヤ秘教のスピリチュアルな指導は、安全にパワフルに、断食も合理的に指導できる最高の指導なのです。

本来宗教的な意味での「断食」は、欲をとって純粋な心になろうとするものです。そうして、瞑想で心を浄化して、その奥にある真理に出会っていきます。つまり私たちを生かしめている神様に出会い、つながっていき、自分も純粋になるために行います。

瞑想をするためには、欲望を落とし、静かな心になっていることが大切です。物欲や性欲などの感覚の喜びや、話したい、遊びたいなどさまざまな欲望を断ち、エゴを落とし、素直になることで、次第に心が静まり瞑想が起きるのです。

自分の欲望のほうへ意識を向けてしまうと、あちらこちらに行きたいと引きずられて、座っていてもそわそわして、それこそ欲望に翻弄されてその欲望のほうに心が動いてしまうのです。

神とのつながりを忘れてしまい、神が遠のいてしまうのです。

体の働きや内臓の働きに負担がかからない純粋なものを食べます。

スピリチュアルな道に進んでいても、逆に、断食をしたりまた食べたりということでは、生理的に乱れて成人病を誘発したり、糖尿病になったり胆石《たんせき》になったりすることもあります。それは内分泌系が混乱するからです。

正しい指導のもとに行う、バランスが取れた食べ方がよいのです。

心と体は、土、水、火、風、空という5つの元素でできています。そうしたものを

その1

シャウチャ 清浄

体も心も清らかに保ち純粋になっていく

食べ物でも摂りますが、純粋なものをバランスよく摂るのがよいのです。土のものも、赤、緑、黄など、彩りのよい野菜と、よりよい水と、温かい食べ物、それから充分生命エネルギーのある新鮮なもの、不純物のないサットヴァ（純粋）な軽い食べ物がいいのです。

食べるものは、環境、国の事情、民族の影響も強く、ベジタリアンは強制するものではありません。いろいろな事情で、無理なこともあります。あなたの環境でできることから行えばよいでしょう。修行が進んで苦しくなったり、体が熱くなるなど、動物性のものを摂らないほうが安らぐのであれば、そうすればいいと思います。

肉体労働をする人は、やはり力が出るように、すぐにエネルギーになるようなものを食べる必要があることもあります。インドでも、戦う階級の人は肉を食べたりします。地方によって、魚や卵を多少口にするところもあります。

本格的な体質改善や修行をしたり、あるいはスピリチュアルな生き方をしたい人は、正しいガイドに沿って断食をすることもよいでしょう。一般にはできるだけ体にやさしい自然なものを、腹八分目で毎日規則正しく食べるというのが、やはりよいのではないでしょうか。

精神面もピュアにしていくのが本当の「清浄」です

肉体の外側、内側を浄めるとともに、精神面でのシャウチャ、浄めが大切です。人はほとんどの時間を動いています。心も体も使っているのです。この行為がカルマを積んで穢しているのです。清浄にするためには、思いの行為、言葉の行為、さらに体の行為を清らかなものにします。それは善なる行為です。

最も美しく自分を浄める効果があるのは、人を幸せにすることです。人の魂が輝くことを進めるのです。自分のエゴのためではないのです。自分のエゴを浄め、自分が清浄になっていきます。それは内側の愛から行うと成功できます。

そのためには、内側を清浄にする瞑想をあわせて行っていきます。

ヒマラヤシッダー瞑想を行っていくのです。

ヒマラヤシッダー瞑想はエゴやカルマを落とします。内側を掃除することができ、精神的にもピュアになっていくのです。そして充電して得たエネルギーを、世の中をよくするために使っていけるのです。そして、自分を浄化して磨くためには、瞑想で蓄積したすべてのエネルギーをみんなが喜ぶことに使うのです。

これまでのように自分のことのみを考える使い方は自己防衛です。まわりとの調和を図り、エゴをなくす生き方をすることです。それはもっと愛を出して捧げていく、人を助ける生き方です。最も正しいのは、その人が苦しみから救われるように、真理に向かう助けをすることです。

さて、「ブラフマチャリヤ」のところで、睡眠欲の話をしました。

いつも眠くなってしまう人は、感覚の喜びを欲しているとともに、ストレスを抱えているのです。体と心にこだわりを持って生きていると、常に保身的になり、セルフィッシュになり、ストレスを引き寄せるのです。

その結果、そこから逃げるために眠りを選択するのです。眠くなってしまうのです。日々怒ったりイライラしたりしていると毒素が出て、体が疲れ、眠くなってしまうのです。そこに逃げ込んでバランスを取るのです。

しかし、本当の自分、魂の部分の自分は、常に純粋であるので、そこにつながり、意識を覚醒させる新しい生き方を取り入れると、疲れず、お任せすることでその力が働くのです。神様がすべて段取りしてやってくれているということになります。それが意識を覚醒させる生き方です。

そしてどういう意識を持って生きていくか、体と心に気づき常にニュートラルでいられる選択をします。それは愛にいる、無心にいるという選択です。併せて、体と心が極端に眠くならないためにできるだけ清らかなものを食べたり、積極的に体を浄化する、行動や言動も正しく清らかにしていくことが大切なのです。

昨今マインドを強めることが望まれるような風潮もありますが、時に自己の主張が激しく、相手の立場を理解せず、思いやりがなくなります。それは人を傷つけ、やがて自分も傷つくのです。

ヒマラヤシッダー瞑想にはストレスを浄化する働きがあります。内側を整理整頓していきます。そしてストレスがきれいに取れると純粋な意識となり、神経は覚醒し、肉体と心は休まります。

休ませながら回復させるのです。バッテリーを充電させているような状態になるので、いつもの疲れが取れ、たくさん眠らなくてもよくなるのです。

ですから、瞑想すると睡眠が少なくなるのです。今まで休まらなかった神経が、休

その1

シャウチャ 清浄

体も心も清らかに保ち純粋になっていく

まるようになって、深く眠れるようになるというプロセスを経ることも多いのです。

少し難しい話をしますと、人も自然界の一員です。ですから人の体は、宇宙と同じ素材でできています。宇宙を見ますと、地球の表面には目に見える山や、土地があり、そこには土があります。そして川や海など水があります。さらに太陽からのエネルギーがあり、また地球の中心部には火のエネルギーがあって、溶岩が燃えています。そして地球を取りまく上空には気流があり風が吹いています。さらにその外部には何もない空があるのです。

人間の肉体にも、これらと同じ要素があり、それで構成されています。つまり土、水、火、風、空、の5つの要素で構成されているのです。

この要素は、純粋かそうでないかで性質が違うのです。不純物がまじっていたり、鈍い動きであるのをタマス（暗性）と言います。そしてラジャス（激性）という性質があり、さらに、サットヴァ（純粋性）という性質があります。それら3つの性質に対応するキャラクターが生まれるのです。

心の掃除をし、意識を進化させて、精神的に純粋になり意識を覚醒させていく。それは、人生の目的であるサットヴァという純粋なエネルギーになって、静寂に向かい真理を悟っていく一本の道です。

タマスは鈍い不活性なエネルギーで、ラジャスは活動的なエネルギーです。どちらのエネルギーも生きるために活動しているのですが、ラジャスが強くなり過ぎると、競争心が強くなったり、怒る、妬むといったマインドに翻弄されます。タマスが強くなり過ぎると、だるくなったりイライラしたりと不安定になり、また執着する粘着質のエネルギーが増えます。


瞑想をして修行をすることにより、静寂になり、サットヴァのエネルギーが多くなって、平和がもたらされます。そして〝今〟にいることができる自分になっていけるのです。それが、精神的に純粋になるということです。

これは、ひとりで瞑想して進化してたどり着けるものではないのです。一番の近道はサマディマスターのガイドを受けることです。ディクシャという悟りのエネルギー伝授を受けて内側の調和を図り、源の本当の自分につなげていただき、苦しみを受けない回路を開いてもらいます。それはサマディマスターのエネルギーで可能になります。さらに瞑想秘法をいただきます。

そうして初めて瞑想をしていくことができます。ヒマラヤ秘教は伝統の教えであり、ヒマラヤ聖者のガイドがないと瞑想をすることができません。その知恵とパワーによって、安全に進めていくことができるのです。

よりよいエネルギーをいただかないと、自分の今まで積んだカルマが溶けるプロセスで、いろいろなことが現象化してくるので、常に守られる高次元のエネルギーにつながることが前提にあることで、安全で正しい瞑想をしていくことができるのです。

そうして体も心もピュアに清らかになっていくのが本当の清浄、シャウチャなのです。

その2 サントーシャ 知足

すでに満たされていることに気づく

多くのものは必要ない
あなたはすでに満ちている存在です

「ニヤマ」の2つ目は、サントーシャ。「知足」という漢字からも想像できると思いますが、「足るを知る」という意味の教えです。

仏陀の言葉として聞いたことがある人もいるかもしれません。

「足るを知る」の意味はなんとなく理解できても、心からそう思い実行するのは難しいと感じる人も多いのではないでしょうか。

その2

サントーシャ　知足

すでに満たされていることに気づく

「足るを知る」が本当にわかるのは、本当のあなたは、すでに全部が満ちている、不足はないのだ、ということを悟った時です。

なぜなら誰もが自然、つまり神様から命をいただき、体と心をいただいていて、生きています。この体の源に無限のパワーと知恵と、愛があるからです。しかしそのことを皆知らないのです。今あなたが浄化されてそうした存在に出会い、本当に満ち足りていれば、不安や恐れはありません。

しかし、すべて満ち足りている人はほとんどいないのです。

生きていくために本当に必要なものは、わずかでよいのですが、皆、それ以上のものをやっきになって集めようとします。さらにゴージャスな生活、物質的な豊かさ、あるいは心や感覚の満足を求めています。

常にものの不足、心の不足を感じて、「もっとこうしなければ」「もっと集めなきゃ」と思い続けています。なぜそうなるかというと、何か満たされず不安だからです。

あなたは常に源につながり、つまり神様とつながっていて、神様に愛されていて、充分に満ちているのです。そのことがわかれば、智慧《ちえ》も生命力もどんどん湧いてきます。

神様とつながっていないということは、心の働きとともにいることです。いつも心が働き、それに振り回され、安心感がなく、不足を感じているのです。そして安心感を得るために、何か温かいものが欲しい、友達が欲しい、お金が欲しい、とそれらを自分のまわりから集めようとしています。そしてそれに依存しようとするのです。それは真理の存在ではないのです。

あなたは純粋な存在になるよう修行をすることができます。そうすれば源、つまり神様とつながっていきます。真理につながるということです。誰しも皆心の奥深くは源に通じています。あなたの内側には素晴らしいパワーがあり、智慧があり、愛があることが、修行により発見できます。

知足を理解し心がけていくことは、禁戒である「ヤマ」の「アパリグラハ（もっと欲しいとむさぼらない）」を実践することにもなるのです。それは内側を清潔にすることでも、本質が現れて満ちていきます。

何も持っていなくとも、あなたは満たされています。

それを本当にわかっていくのが知足の教えなのです。自分の中に素晴らしさがあることに気づくのです。それが知足、サントーシャなのです。

サントーシャの第一歩は、比べないこと

あなたはそのままの状態ですでに満ちている。

そう言われても、ただ言葉を聞いただけでは理解するのは難しいかもしれません。どうやって「足るを知る」を理解していけばよいのか、もう少し身近なことがらを含めてお話しします。


「足るを知る」を心がけていくことは自分を愛するということです。自分を嫌って、他にばかり目をやり、不足を感じるのは、比較する心が働くからです。

人と比べるのではなく、自分のあるがままを愛するということです。人は常に、自分にないものをキョロキョロと探します。あるいは、人との違いを探し、足りないものを満たそうとするのです。

もちろんそれも理由があって与えられている機能なのですが、皆すぐに、人と比較をし、自分をチェックします。

「あの人はコレを持っている」「自分はあれを持っていない」

「自分はあの人よりダメだ」「自分はあの人より成功している」

「自分はあの人よりできる」「自分はあの人より幸せだ」

そうやって何ごともチェックし、比較し、それによって優越感を得たり落ち込んだりしています。


あるがままの自分を受け入れることを知りましょう。

人は人、自分は自分なのです。そして神様の前では、皆等しく愛される、素晴らしい存在なのです。

育った環境、持っている才能、皆それぞれに違います。

それをひとつひとつ比べて喜んだり落ち込んだりする必要はないのです。

喜んだり落ち込んだりするというのは、マインドのレベルにいるからなのです。

マインド、心が感じる気持ちというのは常に変化するものです。つまり、その時喜んだとしてもそれは相対的なものであり、先ではまた変化してしまうものなのです。

喜びが永久には続かないのです。不安になったり安心したりするのです。確かにこの

その2

サントーシャ 知足

すでに満たされていることに気づく

肉体と心のレベルは、常に動き変化してバランスを取っています。

ですから、その瞬間瞬間にいちいち一喜一憂するのではなく、自分が成長していく長い旅の一部なのだと理解しましょう。

すべてが学びであると感謝しましょう。もし不足を感じたのなら、神様のパワーをいただきながら、その不足がなくなるように努力をしましょう。

体力がないと感じたなら体力をつける努力をする。知力が足りないと感じたらそれを補えるよう勉強をする。

感じた不足も学びとして、クリエイティブに成長する方向に使っていけばよいのです。

人と比較しないことができるようになるのは、「足るを知る」の第一歩です。

人の奥に動かない存在があるのです。それは完全な存在です。そこにつながることで、知足の人になっていくのです。

心が揺れるのならば、情報は遮断しましょう

現代は情報社会で、いくらでも情報が入ってきます。不必要なものは自分でコントロールしてシャットアウトします。

情報のもとは、雑誌やテレビはもちろんですが、今最も多いのはインターネットでしょう。「足るを知る」を理解するためには、不必要にそういった情報に触れないことです。

動かない永遠の存在である神様とつながれていない、心の動きに振り回されている状態では、情報が多すぎてあまりに騒々しいと、心がさらに揺れてしまいます。

人の情報を知り、理解して安心すればいいのですが、常に自分を基準に考えて、それによって自分が安全かそうでないかを判断します。その結果、そこからの影響を少なくするためにうらやんだりさげすんだりという気持ちが生まれてきてしまうのです。相手の幸せを願ったり、あるいは共感するやさしい心を発達させていくことが必要なのです。

その2

サントーシャ 知足

すでに満たされていることに気づく

知ったことをバネとして、頑張れるのであればよいのです。それはみんなが幸せになれるかといった基準で、冷静な心で、判断していきます。自分のみのセルフィッシュな損得の心で見ると、知ったことで自分が揺れてしまい、落ち込んだり嫌な気持ちになってしまうかもしれません。常に大量に情報を知ろうとする必要はないのです。しかし自分の本質に出会っていくと、そうした表面の心に翻弄されない人になっていくことができます。

自分自身の中に静寂を構築します。テレビを消し、携帯電話の電源を切り、瞑想し、自分の実力を養っていく、自分の純粋性を高めていくほうにエネルギーを向けましょう。

夜は、毎日少し、静寂を作る時間を持ちましょう。私は、瞑想リトリートを行うことをすすめます。強力なヒマラヤシッダー瞑想で、カルマを焼いて心を空っぽにして、聖なる波動とともに心を浄めます。

瞑想リトリートでは、「アヌグラハ」という聖なる波動の祝福で安全に浄められます。情報を遮断され、また食べ物は心と体によいものが提供されます。趣味や嗜好から離れ内側に向かいます。情報を集め過ぎず、静かになり、リラックスするのです。

「知らぬが仏」の言葉もあります。何でもかんでも知っておく必要はありません。知ることは、エゴが喜び、プライドを保ちますが、時に価値観にとらわれ不自由になり、自他共に疲れさせることにもなります。

同じ意味で、あまりにもあれこれスピリチュアルなところをうろうろすることも、潜在意識が刺激されやすく、混乱をきたしますので、気をつけなければならないのです。また時に立場の違う人と付き合うと、背伸びをして、疲れることもあります。見栄を張り、虚勢を張ってあれこれと真理でない自分を演じるかもしれません。

もっと自分に正直な付き合いをすることが必要なのです。それによって比較せず平和な心であることができるのです。

私は平等心ということをお伝えしているのですが、世間には、人種や見た目の優劣や貧富の差など差別や区別をすることが横行しているようです。

子供のいじめの問題、また公園デビューではお母さん方のさまざまな葛藤があると聞きます。通っている学校の保護者会の中での微妙な差別やそこでの葛藤、そうしたあちらこちらでの集まりの中では、必ず何らかの差別があるように聞きます。なかには陰湿な差別に出くわしてしまうこともあるようです。

日本人は国際的にも差別を受けやすいかもしれません。外国人は積極的に思ったことをどんどん話すのに比べて、日本人はおとなしく、遠慮や謙虚が周囲に通じず、理解されないところもあるようです。

多くの人は心に慈愛がいまだ発達せず、平等心ではなく、違いにこだわり、ジャッジしているのではないでしょうか。もっと強さとともに、愛を持つ必要があります。そうした人に生まれ変わっていくことが理想です。

どんな人と会っても心が揺れないならよいのですが、そこまで成長していない状態だと、やはり見るもの、会う人などにいちいち心が揺らいでしまい疲れることもあるでしょう。ヒマラヤシッダー瞑想を続けていくと、心が揺れない人になっていくことができます。

そのような高次元のエネルギーとつながることができる修行によって、自分の心や感覚に振り回されなくなるからです。

スピリチュアルな修行を自己流に行うと、感覚や心が浄化されて敏感になりすぎることがあります。それらがむき出しになり、潜在意識に入りやすくなるからです。神聖な存在につながり、そこからのガイドをいただくとよいのです。正しい指導者のもとで行っていく必要があります。

常に自分の感覚のところだけにいると、感じ過ぎてしまいます。ですからもっと純粋なエネルギーにつながり、守られながら行う必要があるのです。心の満足を求めて、あるいは暇をつぶすために　情報を追いかけてばかりいずに、瞑想をし、内側の神聖なパワーにコンタクトできるようにしていきましょう。

「足るを知る」の究極の体現が、托鉢《たくはつ》です

仏陀の時代を含め、インドの出家修行者は托鉢をして生活をしていました。

托鉢は、家から家へと訪ね、その日の糧を得ます。インドでは修行者が訪ねてくると幸運が来るという言い伝えがあり、進んで施しをするのです。

修行者は、何を出されても文句を言わずありがたく頂戴します。それは自分から何かを手に入れるということではなく、いただけたらいただくという姿勢です。「足るを知る」つまりサントーシャのいわば究極の体現です。

その2

サントーシャ 知足

すでに満たされていることに気づく

インドにおいては、古来、出家の修行者は家を出て、自己の完成のための修行を行います。それは自分のこの肉体と心の完成です。外のものに依存する必要がないので、持ち物は全部捨てていきます。寒さを防ぐための最低限の布を体に巻いて生活します。そして食べ物は保存できないので、その日ごとに食べ物をいただくのです。

そして、毎日庵《いおり》から出かけて托鉢に行って、その日の食べ物をいただきます。毎日托鉢に行くことは体を動かす修行にもなっています。

そして神の恵みで生きていますから、この体を使って修行をして純粋になり、神聖な人となって世俗の人に幸せを与えられる、祝福できる存在になっていくのです。

在家の人は、外で仕事をして、自分の物質的な欲望を叶え、エゴを満足させる生き方です。出家の人の、心の満足ではなく魂の願いを叶える生き方を尊敬して、温かく見守り、応援していくのです。

出家者は何か糧を得るために仕事をするのではなく、行為はもっぱら神に出会うため、人間完成のためのカルマヨガとなり、托鉢をすることも、すべて魂を浄めるための修行になるのです。

托鉢によって施されたものをありがたく、文句なく、いただいて感謝して食べるのです。施されてはじめて食べられます。そうでなければ、盗んだもの、暴力で奪ったものになってしまいます。

人が生きていくために、最低限必要なものはそのくらいといえるのです。托鉢で学べることは、そのくらい多くのものは必要ない、ということを理解することです。「あれが欲しい」「これを持っていなきゃ」とものをまわりに集めても、死ぬ時には何ひとつ持っていけません。

今のあなたは充分に満たされているのだ、ということに気づきましょう。そして感謝をしましょう。宇宙の中で、人間に生まれてきたことは素晴らしいことです。縁によってあなたは人間に生まれてきたのです。

もし動物に生まれていたら、考えることも話すことも、書くこともできません。健康で、人間に生まれているということは、なんとありがたいことでしょうか。

あなたが今持っているもの、親しい人や、あなたができること、住んでいる場所などに感謝しましょう。

上を見すぎて、「まだあれが足りない」「これがない」「こうなるはずなのになっていない」と、足りないものを数えるのではなく、あなた自身を磨きましょう。この体の機能、心の機能をより正しく使い、才能を発揮しましょう。また今見ること、話すこと、味わうことができることがなんと素晴らしいことか、それを感じます。今現在のあなたで充分である、ということに気づきましょう。

自分の内側を磨き、満たしましょう。これまでは不足を見つけ、外のものを集めそれに依存して、また、飽きて不足を見つける人になっていました。これからあなたはヒマラヤ秘教に出会って、あなたの中の素晴らしさを発見できるのです。心の曇りが取れ、素晴らしさが現れます。不必要なものを作ったり集めたり、不必要なことをして心を慰めたり、そういった余計なことをせずに満足し、安心できるのです。

欲望に翻弄されず、まわりのことに翻弄されず、自分の意識を進化させ、神のように知恵ある人になっていく。そういう人が多く出てくると、世の中は変わっていくと思うのです。

皆が「足るを知る」を理解、実感し、さらには人を助けていくのです。そうすることで、今よりずっと平和で愛に溢れた世界になるでしょう。

その3 タパス

苦行／鍛錬／精神統一

目の前のことから逃げずに粛々《しゆくしゆく》と行い続ける

ひとつのことを、精神統一しやり遂げましょう

3つ目の「ニヤマ」は、タパスです。

タパスは日本語で「苦行」と訳されていることが多く、何かとても体にとって苦しいこと、痛いことをすることだととらえられている傾向があります。「心頭を滅却すれば火もまた涼し」という言葉を聞いたり、僧侶が火の上を歩いているなんていう映像を見たことがあるかもしれません。

それらもタパスの一部ではありますが、しかし、現代の人間、一般の人がタパスを実践する場合は、体に痛いこと、無理をさせることではありません。

その3

タパス　苦行／鍛錬／精神統一

目の前のことから逃げずに粛々と行い続ける

タパスとは、何かひとつのことを一生懸命行い、それを行うために精神を統一すること、そしてやり遂げることです。

たとえばヒマラヤで出家する修行者は、ヒマラヤの山に住むこと自体がひとつのタパスです。

山に住み、便利なものは何もなく、移動はすべて脚を使って歩きます。靴も履いていません。水道もないので、水のあるところまで汲みにいきます。食事を作るなら、ガスはないので薪を拾い火を熾《おこ》すところから始めます。

いろいろな修行があります。なかには、体の一部を強めるという意味で片脚でずっと立っているなどの修行をする人もいます。流派によって何をするかが違います。瞑想は意識を進化させるための行です。そしてこれらの修行を行うことによって意志の力が強まり、能力全体も高まり、神と一体になるための力を得るのです。

神と一体になって真理を知るために、また超人になるために修行をする。それがタパスです。なかでも瞑想は真理に向かうための修行です。心身を浄化していくためには、さまざまな秘法の修行があります。

本格的な修行は出家した修行者でないとできません。社会で生活している人は、いろいろ便利なものをすべて排除した生活を送ることはできません。本当に修行だけに集中しようとしたら、家族も仕事も全部捨てていかなければならず、衣食住をすべて自然に任せるような生活を、普通の人が送るのは現実的ではありません。

では普通の人はタパスをどう実践すればよいのでしょうか。

私は、大人なら仕事を一生懸命すること、子供なら勉強を一生懸命することが、現代のタパスになると思います。

一生懸命仕事や勉強をすることによって、自分の能力が高まり、人の信頼も得られ、社会生活をよくしていける。

まわりを思いやり、皆に愛を与えることができる人になる。そしてそれぞれに仕事や学びのスキルがアップします。

自分に与えられた境遇の中でやるべきことを、逃げずに精神を統一し、楽しみながら一生懸命やっていく。それがタパスとなります。ただ、何か過去に嫌なことがあったり、そこに苦手意識などの抵抗があると、なかなか集中することはできません。

その3

タパス　苦行／鍛錬／精神統一

目の前のことから逃げずに粛々と行い続ける

瞑想という行為も、タパスといえます。それは気持ちのよいものなのですが、今まで経験したこととは違うので、慣れるまでは苦行になるかもしれません。その瞑想の習慣でものごとを始めるのが楽にできるようになり、才能を発揮できるようになります。

私たちは人間に生まれ、考える力や記憶する力をいただき、それを活用して、クリエイティブになり豊かになってきました。さらにすべての源にある創造者と一体となって進化ができるのです。

心をどう使っていったらよいのか、どう浄めていったらよいのかに気づきます。そして心の奥にある源につながることで、心がコントロールできるようになります。エネルギーを無駄に使わないで、心身の調和を図り正しく使って、さらに意識を高めて、素晴らしい人格になっていくのです。

今いるところで自分を確立していきます。そして「ヤマ」「ニヤマ」の実践は、タパスでもあるのです。

修行と現代的な生活を
バランスよく共存させていきましょう

日々「ヤマ」「ニヤマ」を行ったり、瞑想を行うことも、もちろんタパスです。それは自身を浄めていき、エゴの方向に行かないように本来の自然の姿に戻す修行です。そしてこの行によって心身を正しく使い充電し、疲れを取り、積極的に調和を図ることができます。

しかし、タパスに集中し、修行に明け暮れるあまり、社会生活が送れなくなってしまうようではよくありません。

バランスのよい修行が必要なのです。

山の中にこもって人に会わず修行をするのなら別ですが、町の中で生きていくのなら、人間関係の勉強もしなくてはいけません。まわりの人は自分の鏡です。自分の心の状態が映し出されます。そこから自分がどうふるまったらよいか判断することができます。

その3

タパス　苦行／鍛錬／精神統一

目の前のことから逃げずに粛々と行い続ける

社会生活がうまく送れないから、修行に逃げ込むようなやり方では、それもまたバランスが悪いのです。たとえばオフィスで働く人には、クリエイティブな商品を開発したり、それを広めていったり、あるいは事務作業や電話を受けたりといった作業があります。

私は皆さんに何でもこなせる人になってほしいと思っています。文章も書けなければいけないし、人とのコミュニケーションも円滑にできなくてはなりません。また出家し、お寺で修行だけに専念できるところもあるかもしれませんが、すべて忘れて瞑想だけをしていればいい、とは思わないでください。

人の中で、人の役に立って、この体と心を有効に使い、かつ真理を知ることが大切です。また社会に役に立つように常に全力投球します。

現代の生活は、昔に比べとても便利でスピーディになりました。昔は何ごともすべて手作業で行っていたので、生活そのものにとても時間がかかりました。

布教活動ですら、昔は自ら行脚《あんぎゃ》し、皆を説得して歩いていたのですが、現代は電話を使ったり、本を書いて出版したりするようになってきました。

社会生活を送りながら修行をしていく時に、現代のものをすべて否定し、シャットアウトするのではなく、現代生活のよい点は取り入れて、両立できる人間になっていってほしいと思います。

それは、何ごとにもバランスを取れるようになることの一環なのです。

ひとつの仕事をやり続ける、
それもタパスです

タパスは精神統一し、ひとつのことをやり遂げることとお話ししました。

瞑想をし、精神をひとつのものに結びつけて統一するということは、一度ですぐにできるようになることではありません。だからこそ日々練習をしていくのです。

瞑想は心を浄化し整理整頓するものです。心には、過去生からの膨大な記憶や思いが詰まっているので、すぐにきれいにはなりません。また心のほうにつながると心が働きだして、消耗となり、その奥にある神秘の力を引き出すことができないとともに、曇りで覆ってしまうのです。

また仕事でも、頻繁にあちこちに気が散っていては、ひとつのものがなかなか完成しません。

昔は、手に技術を持ったもの作りの人が多くいました。たとえば左官屋《さかんや》さんなら左官屋さん、大工さんなら大工さんと、ひとつの職業、ひとつの道を貫き通している人が多かったのです。

現代は、必ずしも親の職業を継がなければいけない、ということはなく、なりたいものになれるという可能性がありますが、選択肢が増えたぶん、ひとつの職業に集中し、精神統一し、邁進《まいしん》するのが難しい人が多いようです。

いろいろと気が散ってしまい、他の人のことをうらやましがったりしている間に年を取ってしまい、何もできない人になってしまう。カースト制のような身分制度がないぶん幸せな面もあるけれど、ある意味不幸でもあります。

また会社の経営者である社長の場合、あちこちに営業に行ったり、大勢の社員たちを指導したり、常に情報にアンテナを張っていたりと、やらなければいけないことが多岐にわたっています。

そういう意味では、ひとつのことに集中する技術者、職人さんなどのほうが、瞑想により近い仕事をしていると思います。

そして瞑想は、そうしたこと以上に、源に戻り本当の自分になる修行であり、すべてが生まれ変わり、神と一体となる道です。単に精神を統一するということではなく、すべてを超えて本質になって、最高の人格になるということなのです。

すべての人に瞑想は必要です。

経営者や人を率いていく立場の人は、日々の実務では瞑想にならないので、特に真の瞑想が必要なのではないでしょうか。

「アーサナ」だけに偏らず真のヨガを続けましょう

日本や世界で、ヨガというと健康法と思われ、体を整えるアーサナがメインになっています。ヨガは、アーサナだけでなく真理を学び、瞑想をして、源の本質、つまり魂、真理を悟ることです。それは真のヨガといえるでしょう。

しかしそれを指導できる先生もいなかったので、健康法として広まっていて、それ以上のことに目が向かないのは残念なことです。今あなたはヒマラヤ聖者とのつながりを得ることで、安全にヨガの本質の教えを実践していくこと、悟りを目指すことができるのです。

アーサナは、関節を柔らかくし、瞑想をしやすい体にする動きです。それは健康法としてもよいものです。しかし真のヨガはあなたがさらに意識を進化させて、本当に曇りのない人格を磨ける、素晴らしい実践の教えでもありますから、よりよい師に出会って、しっかりあなたを磨いていくのがよいのです。

アーサナは仕事で頑張りすぎてしまい、硬くなっている関節や筋肉をほぐしたり、内臓を刺激して、内臓の位置の異常を正し、正しい姿勢に近づけていくことができます。

アーサナは動物の形をとり、動物特有の生命力を得ようとするものです。コブラのポーズでしたら、背骨のしなやかさと生命力、バッタのポーズでしたら、脚の力強さとか、そうした形から体の生命力を高めるのです。頭や心を使うことで緊張している体をほぐしていくのです。

この体を整えるヨガを、「ハタヨガ」といいます。「ハ」は陽、「タ」が陰、の意味で、陽と陰のバランスを取ることを目指すヨガです。

アーサナの中には祈りの体操もあります。五体投地です。祈りながら、行います。また太陽礼拝のポーズも、体全体を動かして行う、パワフルなアーサナになります。精神を統一し、祈りながら行うのです。これを行うと体がとてもほぐれ、心も清らかになるとてもよい体操です。

ただ体操として、「キレイになりたい」「痩せたい」「人よりすごいことをしたい」などの、欲の心からアーサナを行っていると、体が丈夫になり変に自信がつき、エゴが強いタイプの人間になってしまいます。

もともとヨガは、精神的なものであり、神に祈って、自己を滅するために行うものなのです。感謝の心で、自然な体を目指して行えるとよいのだと思います。

私は真のヨガであるヒマラヤ秘教を伝えています。源から、心身を正していきます。すべては見えないところから送られて見える形になりました。まず見えないところを浄め平和にします。ゆがみを取り除いて、愛にしていきます。感謝にしていきます。そうすると見えるところにも光が届き輝くのです。

愛をシェアし生命エネルギーをシェアし知恵をシェアするのは、サマディに達した

その3

タパス 苦行／鍛錬／精神統一

目の前のことから逃げずに粛々と行い続ける

マスターでないとできないし、真理を伝えることはできないのです。私はシッダーマスターとして、あなたを源に結びます。

それがディクシャです。そこからマスターに守られながら、前進していくことができるのです。源と結ばれ、そこに何があるのかを実際に体験し、真理になりそれを悟るのです。それは人生の最高の目的です。

真のヨガは、その目的のために、心身を浄化してバランスを取り、純粋になっていくためのものなのです。体が緊張していたり濁っていたりでは透明な心に近づけないのです。そのためにまずアーサナを行い、体を整え健康にします。そして座れる体にします。瞑想のしやすい体にしていくのです。

真のヨガとはアーサナのみではなく、究極のサマディを体験していく、そのプロセスすべてを指します。それにはいろいろなアプローチがあります。エネルギーからアプローチするヨガには、「クンダリーニヨガ」「クリヤヨガ」があります。愛からアプローチするヨガ、つまり信仰からアプローチするのが、「バクティィヨガ」です。さらに知恵からアプローチするものは、「ジュニヤーナヨガ」、あるいは「ギヤンヨガ」と言います。

どの道を進むかは、その人のキャラクターにもよりますが、すべての道が大切なので、私は総合的なアプローチで皆さんを悟りに導いています。

瞑想をし続けることがあなたを変えていきます

あなたの中のいろいろな記憶や感情などは、深く心身に刻まれています。それらはあなたのキャラクターとなり、変わらないものです。

あなたの望みが叶えられると、それに対する執着が取れて、そこから自由になります。そうした望みは数限りなくあります。それらの欲望が終わらないと、解放されません。人は常にそうした欲望を持って生き続けていくのです。その欲をなくしたり、変えることはできません。人はそれを成し遂げるために生まれてきたのです。人間というのは、本来自分ひとりでは変われないものです。

そして対象である人のことはわかっても、自分のことはよくわからない。普通の状態では心を使っていて、マインドのレベルにいるために、自分の心と一体になり、それに翻弄されているのです。

いろいろな心のクセがあり、ちょうどよいという加減がわからず、偏りがあり、苦しみます。その執着に引きずられ、純粋な何もないところに戻れないのです。高次元のエネルギーの祝福を受けなければ、自分を浄めることはできません。ひとりでこの修行を行うことは本来できないのです。

誰もが生から死への旅をしているのですが、なかでも本当の自分、真理に出会っていくことを目的として生きるのが真の人生です。

そうでないとただ無意味に年を取り、自分を浄め意識を進化させるのではなく、執着を作りながら、どんどんいろいろな汚いものをくっつけて、老化して死んでいくことになるのです。

ヒマラヤ秘教の修行をすると、内側から変容して心のクセが落ちます。カルマが溶けて、純粋になっていき、真理に近づいていくのです。すると、少しずつ前より楽になっていきます。

変容するというのは、生まれ変わることであり、質そのものが変わることです。ヒマラヤ秘教との出会いでそのことが起こるというのは、本当に稀有《けう》なことであり、尊いことなのです。

そしてその修行のひとつにタパスという、あなたを変えるほどの修行があるのです。やりたいことをやるのみではなく、魂の願いを叶えましょう。心の欲望で感覚の喜びを追求したり、心の喜びを追求するのではなく、そこから離れて真の自分になっていくのです。

まず、心を尊いものに精神統一し続けていく。たとえば瞑想をやり続けていくことで、変わってゆくのです。

そうした流れに通じていくために、好きなこと、役に立つことをやり続けていくことも大切です。

英語の勉強を、1日10分でも毎日続けていたら変わっていくと思います。しかしそれを本当に一生続けるのは難しいことです。ごはんを食べることは続けていけますが、体は元気になり、エネルギーはいただけるけれど、長時間その状態が続かない。数時間したらまたお腹が空きます。

瞑想というのは、行ったあと、自分の中に変容という純粋になったクオリティがあり、それが残ります。1回が終了したらその時で終わり、ではありません。それをさらに積み重ねて、進化する必要があるのです。単なるエネルギーの補給ではなく、質そのものが高まっていく尊い行なのです。

私のもとで合宿（瞑想リトリート）に参加した人は、その後しばらく修行をしていなくても、また来た時に、「前より楽だ」と言います。前回の瞑想で、心のクセや垢《あか》が取れていて、きれいになった部分が残っているのです。

合宿に来ていない間にまたストレスの垢が少しついているとしても、表面的な軽くて取れやすい垢になっているのだと思います。そういう目に見えない部分が変容しているのです。

カルマが浄化されて純粋になっていく心身の変容は、成績が上がったり勝負に勝った、というようなわかりやすい出来事ではないけれど、とても尊いことなのです。

ですから、瞑想をずっと、一生続けることができるのは、とてもありがたいことだと思います。

飽きることなく、自分がより純粋性に近づくように、何度でも瞑想を続けます。

それが日々の中のタパスなのです。

その4 スヴァディアーヤ
学習／自己の探求

本当の自分とは何か探っていく

自分という存在を知るための
学習をしていきましょう

次の「ニヤマ」のステップは、スヴァディアーヤ。真理の言葉の学びです。聖者の言葉に耳を傾けます。よりよい人格になるためには、勉強、学習をしていくということです。もちろん自ら体験して真理に気づくことが大切ですが、どのように真理の道に進むのか、ガイドが必要です。

常に、ヒマラヤ聖者の言葉に耳を傾け、自分の立ち位置を確認して、信頼を持ってお任せをして進んでいくことで、心の迷いがなく安心して生きていくことができるのです。

〝勉強〟というと、学校でする勉強を思い出すと思いますが、単なる知識の暗記ではなく、内側の気づきと学び、それを実践して自己を変容させていくことが大切なのです。真に理解する、本当にそれになっていくための学びです。

単に教義を学んで暗記していい人になろうとするのではなく、真理になるための学びです。シッダーマスターの祝福や尊い知恵からの言葉は、人を変容させる力があります。読む瞑想になるのです。

「タパス」でお話ししたように、学校の勉強に一生懸命取り組むこともひとつの修行ではありますが、自己の探求のための勉強は、自分の内側のことを知るため、真理を悟る修行をしようということです。

普段人は、家や服、家事のための道具、電車、車など、外側のものを作ったり、使ったりすることにこだわって生きています。そして、自分を高めるといっても、それは何かの知識を身につけたりものごとを知るということです。その人がどれだけ意識を高め、いかに自分そのものをクオリティの高い人間にしていくか、そして真理を知っていくことが最も大切なのですが、その方法はわからないのです。

自分はいったい誰であるのか。体とはいったい何であるのか。心はいったい何であるのか。

「ニヤマ」を実践しながら、体を浄めることで、外側を清潔にすること、神様からいただいた体を尊く使っていく、尊敬と感謝で日々接していくことを学びます。

修行をしていくと、さらに先のプロセスで、本格的に浄めていくことができます。日々汚れないように、感謝を持って、見えるところを浄めます。

そうした心遣いをし、汚さないで感謝して使うことが大切です。借りたものを丁寧に使うということです。その上でどんなふうに使うかがわかってきます。日々規則正しく、神に仕え、祈りを取り入れて使っていくということです。神様の波動に守られながら使うのです。

同じように、心についても、知恵を身につけ、よりよい使い方をしていきます。悪いことに使わないようにします。気づきを深め、常に真理の方向に向かうように、日常生活を規則正しいものにします。

悪い考えが心を占めないように、良い考えで満たしていきます。知恵によって、自分が尊いものであることに気づいていきます。今現在の心の状態に気づいたり、どう

その4

スヴァディアーヤ 学習／自己の探求

本当の自分とは何か探っていく

いうふうによい心を育み、使っていけばよいのか、正しく使うとどういうふうに変わるのか。そうしたことも、それをよく知る先生につかないとなかなかわかりません。心は見えないものですから、ひとりではなかなか難しいのです。また相手がいることで心が動き、その動きで心とは何なのかがわかってきます。お互いに学ぶことができる尊い学びの対象なのです。

また、ひとりでそういう学びに取り組みたい場合、精神的な聖なる本を読むことはひとつの指針になります。

特に修行をして悟った人の本を読むこと、私の『八正道』や、『あなたは答えを知っている』（河出書房新社、二〇一六年）などを読んでいただくのもよいと思います。

自分とは何なのかを探求していくと、地球とは何なのか、さらに宇宙とは何なのか、宇宙の中で自分はひとりの人間として生きているけれど、自分も宇宙であるということを知ることになります。

宇宙の神秘を知りたい、ということでさまざまな研究が重ねられていますが、膨大な宇宙を探求するのは難しいことです。そこにたどり着くことはできないからです。

この体は宇宙と同じ素材でできています。ですからこの体はいわば小宇宙です。そしてこれを細かに分析するのではなく、さらに気づくこと、自身の意識を進化させていくことで悟っていく、その方法を探し当てたのがヒマラヤ聖者なのです。

そうして宇宙の中での自分のポジションを知ることで、よりいっそう生きやすくなるのです。

そのために、すぐに修行を始めるのがいいのですが、正しい先生に出会わなければなりません。まず今できることとしてそういったことを知るために、スピリチュアルな本を読むのもひとつの方法です。

しかしスピリチュアルな本を読むのはよいのですが、知識を集めることばかりに偏ってしまうと、頭でっかちになってしまいます。

読むのと同時に、やはりそれを実践していくのです。そうして正しい先生に出会って、瞑想を始めるとよいのです。

私の本を読んだり話を聞いた人たちからは、「楽になった」とよく言われます。読んでいくうちに、いろいろなことがらに気づいて、いつの間にか心が軽くなり考え方も修復されるのです。

「ああ、マインドにとらわれていたなあ」

「しっかり信頼するほうが大切なんだ」

「自分を許せるようになった」

「憎しみから見ていたことに気づき、違う側面で、愛から見られるようになった」など、その人の中で何か変化が起き、気づきを得ていきます。

たとえ修行をしていても、カルマのすべてをすぐさま溶かせるわけではありません。

自分が傷つかないように自分の嫌いな部分、認めたくない感情にはフタをして、抑圧し、見ないようにしていることがあります。

私の本を読んだり話を聞いた人たちは、自分でも気づいていなかったこだわりや苦しみが自然に溶けて、楽になっているようなのです。

今までは、仕事のスキルアップのための知識を得よう、世の中のことを知ろう、政治のこと、科学や宇宙のこと、そういった外側のものを知るために、本を読んだり何かを聞きにいったりしていたと思います。

それと同じように、今度は自分自身を知っていき、自分の本質を知っていくための勉強をする。

そのために真理の本を読むということは、その本を書いた著者をまず信じることが必要です。知るために、まず先に信じるのです。

本当の自分、〝アートマン〟に出会い、
苦しみから解放される

自己、真我の探求を進めていくと、〝アートマン〟という本当の自分、唯一無二の存在である真理に出会います。

自分の中の〝アートマン〟に気づくために学んでいくことが、「悟りの探求、自己探求」です。

体と心のための道徳的な規律である「ヤマ」「ニヤマ」を目で読み、耳で聞いても、すぐに翌日からすべてをその通りにできるようになるわけではありません。

皆自分の中に、イライラや、怒りなどの暴力的な思いがあったり、欲の心があり、やり過ぎる傾向があります。そして執着してむさぼる欲があります。

その4

スヴァディアーヤ 学習／自己の探求

本当の自分とは何か探っていく

「ヤマ」「ニヤマ」をすぐに実行できないのです。内側の心を変えていくことで、それが自然にできるようになります。エゴを守るために、いろいろ心は葛藤するわけですが、瞑想をして心の中を整理整頓することで、もともとの本質の性質が現れやすくなるのです。

そうして、自然と、自分を傷つけ人を傷つけることはしなくなるのです。欲を満たさなくても自分の内側が満ちてきます。あなたが瞑想をして自己を探求し、気づきをいただいたりアートマンを発見していくことで、表側にある心で理解するのではなく、もっと深いところにある魂から、愛に気づき、「ヤマ」「ニヤマ」を理解し、実践できるようになっていくのです。

自分はいったい誰であるのか。

人は常に、体を使い体験しています。ですから体を常に感じていて、自分は体であると思っています。

そして心は常に何かを考えたり、感じたりしています。ですから自分は心だと思っています。しかしその心とともにいることで、心に翻弄されて苦しくなるのです。

なぜ苦しいのかというと、心にカルマというものがくっついていて、それが常に変化をしているからです。そしてカルマの働きで、心が先を心配して、また過去のことを悔やんでいるのです。心の想像力が苦しみを呼ぶのです。

体は細胞が分裂し、増殖し、あるものは死滅し、あるものは維持され、そうやってすべてが変化しながら、生まれたての赤ん坊からどんどん成長し年を取っていきます。それはどんな生物にも起こっていることです。血液が流れ、体液が流れ、常に新陳代謝が行われ、また新しい細胞が生まれます。それが生命の営みです。

そして、環境によって苦しめられることもあります。

刺激を受けると、感覚を通してその刺激が心に伝えられて、さまざまな思いが湧きます。やがてそれらは消えていきますが、また関連のあるものにどんどん連鎖反応を起こしていきます。また何か刺激を受けるとそれに対するリアクションがあり、新たなる関心が湧き、新たなる思いが湧きます。欲望が湧き、渇望が湧き、それが満たされてもまた次の欲望が生まれてきます。

そのように体と心は常に変化していきます。そして体は年を重ね、心は頑固になっていきます。このように変化ばかりする体と心のもっと奥には、変わらない存在がありま す。それはあなたを生かしめている、本当の自分であるアートマン、すなわち魂です。

あなたはそのことを思いもしないのですが、これからの人生、ヒマラヤ聖者の力で、そこにつながることができます。そこから、心を浄化するパワーをいただくことができます。そして心を信じるのではなく、奥にある変わらない存在にお任せをすることで、ずっと楽に生きることができるのです。

こんな女性がいました。よく旦那様とお姑さんがケンカをし、その後お姑さんがその女性にさらに怒りをぶつけるのだそうです。そのことに悩み、イラつきを覚え、また、お姑さんを許せない自分にもうんざりしていたそうです。

しかし、何度か私のもとで修行をし、ディクシャを授かったあと、まず旦那様とお姑さんがケンカをしなくなり、女性への八つ当たりも減っていきました。

そして何度か秘法瞑想をしたあとお姑さんに会った時に、一度もお姑さんに対してイライラすることがなくなっていたそうです。

お姑さんの言動や行動は全く変わっていないのですが、それを心を動かさず、ただ見ていることができるようになっていたそうです。落ち着いてお姑さんの話を聞き、また、お姑さんに伝えようとする意地のようなものもなくなっていたので、とても楽になっていたのです。

「エネルギーを消耗しないとはこういうことか、怒りが湧かないってなんて楽なんだろう」と感じたそうです。

本当の自分につながれるようになると、そんな形で楽になるのです。

心という表面の部分では、怒りを持っていたり、暴力的な心、嘘をつく心を持っていても、それを客観的に見つめるということ、心から離れて純粋な意識で見ることは、とても高い次元の修行です。

ヒマラヤ秘教のマントラをいただき、高次元のエネルギーにつながると、それが行いやすくなります。

高次元の波動のエネルギーにつながることで、心から離れて、心を見ることができ、あるがままの自分を受け入れ、許すことが自然に起こります。そして本質の自分に気づきやすくなるのです。

その4

スヴァディアーヤ 学習／自己の探求

本当の自分とは何か探っていく

シッダーマスターは真理を探究し悟りの道をたどり、神我一如《しんがいちにょ》となった存在です。悟るために心と体を浄化していく、そこに至るためのいろいろな道を知っています。そこにつながるためのいろいろな修行法を知っています。カルマを溶かす波動を伝授し、シェアしています。それがディクシャというものです。シッダーマスターの言葉の力によって、皆が自分に対して抱いている嫌な部分や緊張をほぐし、不必要なものを自然に溶かしていきます。

多くの人は自己防衛の心で生きていることが当たり前になっています。自分を救っているつもりなのですが、それはエゴを救っているのです。本当は本来の自分、本質の自分は傷つけられる存在ではなくいつも満ち足りているのです。

そのことがわからず常に緊張して、自分を守ることは苦しいことです。もっと自分の本質に気づき、正しい生き方をしていくのがよいのです。

いつもくよくよしたり、心配したりするのではなく、自分を信じるのです。強い意志の力を築いていきます。何にも守られていないと思って、いつもおどおどしていたり、相手を威嚇《いかく》したり暴力的であったり、心が醜くあれこれ錯綜《さくそう》するのではなく、堂々として威厳に満ち安定し、慈愛に満ちる、そうした人間力を身につけることができるのです。

そのようにもっと楽に、クオリティの高い生き方をしていくことが、今からできるのです。そのことに気づくために、書物を通して聖者の言葉に触れることは、大きな変容への学びのひとつとなるのです。

その5 イシュワラ・プラニダーナ 降伏する

すべてを信じ、ゆだね、お任せする

無限の存在と、マスターを信じ、
主導権を手放すこと

日常生活の中で積極的に行うべき「ニヤマ」の最後の教え、つまりイシュワラ・プラニダーナとは、任せる、降参するという教えです。

これまでの「ヤマ」「ニヤマ」のすべてを心がけ、実践しながら、自分の内なる本質を信頼し、すべてをそこにゆだねる、神様にお任せする、ということです。あれこれ自分のエゴでやるということではなく、このようにしたいのでどうぞお導きくださいとお任せするのです。力強い神様のエネルギーをお借りして、悩まないで、心を使わないで、正しい方向、本質の方向に導かれるのを待つということです。
自分の願いが叶わなかったのなら、それは神、すなわち内なる本質が、賛成できないことであり真理ではなかったのでしょう。力んでやるのではなく、お任せをするのです。機が熟してそのことが起きるのを待つのです。

はじめにお話ししたように、「ヤマ」と「ニヤマ」はヨガの八支則の最初の2つの段階です。すべての源である神と一体になり、悟りへの道をたどるのがヨガの八支則です。ですから、まずはこの教えを実践して、その上ではじめて本格的な修行ができるのです。

ただ、今述べている神へのサレンダー（降伏）を実践していくことは、最も大切な、悟りのための必須項目です。神につながって、瞑想を行い、さらに神になっていくのです。

「イシュワラ」とは、サンスクリット語で神様の意味です。自在神、自然神、などとも呼ばれます。すべての源には、すべてを創る神があるのです。それを信じることで、みんな幸せになれるのです。

このことはインドの人々は当たり前に実践しているのですが、日本ではそのことを忘れ、皆ただ一生懸命生きています。

「プラニダーナ」というのは、信仰、というような意味です。

ですからイシュワラ・プラニダーナとは、神様を信じ、お任せする、サレンダー（降伏）する、ということなのです。最も大切なことです。

降伏というのは勝負ごとに負けるという意味ではありません。良いことも悪いこともすべて受け入れて、神様にお任せするということです。

ですから、本当に心から神様を信じることができなければなりません。

人はやがて源に還っていくのです。この体もすべてのものはそこに向かい、何ももなくなっていきます。その源の神を信じ思います。もし信仰がないとこの体も心も行くところを間違え苦しむのです。

それは地獄であるかもしれません。エゴが強くなり、何のガイドもなく、苦しみが待っているのです。ですから信仰して「正しい方向に向かえるようによろしくお願いいたします」と、すべてを知る神様に頼んで生きていくのです。人間の心の働きなどとてもちっぽけな思いなのです。

そして、神様につながると何が起こるのか。

すべてを創られた神を信じます。そしてそう思うことで神につながり、力をいただいて、すべてが速やかに行われるのです。今の科学では神の存在を信じないのですが、目に見えない力によって、この世界はすべて作られているのです。

根源の力です。それを神、あるいはスーパーコンシャスネスといいます。それが、イシュワラ、すべての神、そこからの力の存在、その他の神々も含まれます。それを信じます。

そしてそれを悟ることは、ガイドするシッダーマスターがいないとできないのです。シッダーマスターはそれをサマディで体験した人です。

神を信じることは、シッダーマスターを信じることでもあります。神をよく知り、そこにつなげ、それを悟るための道を示してくれる人だからです。

そしてシッダーマスターのガイドをいただいて、そこにつながり信じていくことで、心にくっついているカルマが溶けて昇華し、今よりもっと楽に生きていくことができるのです。

人の心と体には皆カルマがついています。原因があって結果があり、その人の過去生、これまでの行為によっていろいろな結果が全部刻まれています。

それらを設計図として運命が決められているために、こういう性格になり、こういう職業につき、とはじめから色がつけられているのです。

神様とつながり、その守りをいただくことで、よりよいカルマの方向に導かれます。そして心を曇らせないように、捧げる生き方、心を浄化する生き方ができるのです。また神様の祝福で、どんどん心が浄化されてカルマが取り除かれていきます。透明に、純粋に、あるがままの状態になれるのです。

皆、現世に生まれ育って、生きていきます。その人生の中でいろいろなカルマを体験していきます。学校へ行き、試験に受かったり落ちたり、仕事を探したりといった自分に身近なことを体験します。時には台風や地震、事故などの、自分ではコントロールできない大きな現象にも出遭うでしょう。そして自分の人生に起こるさまざまなことがらに、リアクションをし、苦しんだり悲しんだりしていくのです。執着したものを手放すことが苦しい、と心がリアクションしているかもしれません。

しかし、そういったことすべてが、自分のカルマが消えていくために起こってくる現象であり、すべては学びなのだということがわかるのです。

自分は成長するために生まれてきたのだ、ということがわかってくるのです。

自分が主導権を握って、「こうしてやろう」「ああしてやろう」と心で考えたり、欲望に振り回されているから苦しいのです。これを神様にお任せするのです。宇宙の意識でそれを体験するのです。

宇宙の知恵、神様の知恵に則って、ゆだねて、お任せして、あるがままの状態で生きていけばいいのです。それが信仰心です。大いなる力、正しい判断ができる見えない存在の意識にお任せするのです。

そうすれば、もっと愛が満ち、パワーが満ち、調和が満ちて、楽に生きていくことができるのです。

神様を信じ、つながり、すべてをゆだねる境地に至る。それが、イシュワラ・プラニダーナです。

心を手放すと、もっと楽に生きられる

すべてを創り出した見えない存在、その源とつながりそれを信じます。つまり、スーパーコンシャスネスである神様を信じて生きていくのです。あなたを源につなげることが、ディクシャで行われるのです。シッダーマスターの力は絶大です。その力によって、心から離れて、神様とつなげていただくことができるのです。

そして、自分を守ってくれる、高次元の波動をいただけるのです。その聖なる波動を唱え続けていくことで、波動の力を身にまとい、さらに心身を浄化して、魂への道を開き、そこに至っていくのです。それがディクシャから始まるのです。そして神様を信じてさらに楽に生きられるのです。

私たちは、源を意識しないで、ただ見える体と心が自分と思い、体だけで生きよう、心だけで生きようとしています。そして心の満足だけを求めています。でもそれを続けていても、心は常に変化をして、その欲望は限りなく増え続け、あれも欲しい、これも欲しいと満足できず、キリがありません。

またマインドは常に自分のみを守るようにできています。自己防衛をしています。そのことに気づくには時間がかかります。相手は自分に危害を加えないか、やさしいか、自分より優れているか、身なりはどうなのか、金持ちか貧乏か、自分に合うか合わないか、強いか弱いか、頭がいいか悪いか、と瞬時に自分の物差しで測るのです。

そうして常に自分の立ち位置を判断するのです。そのことが露骨に現れる人は、嫌な人と映るでしょう。しかし多くの人が狡猾《こうかつ》に表面上はいい人を演じているのです。ですから家に帰ってどっと疲れるのです。

馬鹿にされないように利口そうにふるまったり、あるいは本音でいろいろ言って人を傷つけたり、疲れさせたり、時に本心からではなく自分を守るためにやさしい言葉を使うのです。

そういった環境が子供の頃からあったのでしょう。それこそがその人の個性であり、よさでもあるのです。それぞれのカルマによってそれぞれの自己防衛があるのです。

つまり意識下で常にすべてをジャッジし、疑ったりチェックしたり比較したりしています。また常に競争し、「ここへ行かなくちゃ」「あれをしなくちゃ」と焦ったり、欲望の喜びを求めて心が上がったり下がったりしています。ですから自分で意識しなくても、常に消耗し、苦しんでいると言えるのです。その苦しみも当たり前になっているので、そうは感じないのかもしれません。

皆、心が自分だと思っています。心は常に不安定で、時にイライラしたり心配したり、先が不安で苦しいのです。

真理を求めていくと、心も体も宇宙の営みは常に変化していくものだと気づきます。変化し続け、やがてすべてのもの、肉体も死を迎え終わりを迎えると気づくのです。それを理解すると、とても楽になり、そうした変化するものに執着もしなくなります。

究極のサマディに達し、神と一体になると、苦しみがなくなるのです。すべてのカルマが溶けるのです。

あなたにできるのは、まずシッダーマスターの偉大な力を信じることです。そうしてディクシャによって神につなげてもらいます。神につながりそれを信じると、あなたのカルマが次第に溶かされていきます。そして次第に心に振り回されなくなっていきます。心は手放していいものなのだ、ということがわかるのです。

変化のプロセスにある心と体はよりよいクオリティになるように心がけます。そしてよりよい生き方をしていくのです。神様からせっかくいただいた心と体を浄めて、自分の本当の願いを叶えながら、まわりの人を幸せにしながら生きていこう、心を手放していこうと思えるようになります。

たとえばこんな女性がいます。その方は、人生の途中までは、外側の栄光を求め、華やかな人生を目指していたそうです。やりたいことを実現し、華々しく活躍をして、お金をたくさん稼ぎ贅沢をし、いろいろな経験をする。子供はふたり。子供にも最高の環境を整えて……と考えていたそうです。

しかし、私の祝福を受け、研修に参加するうちに変わりました。自分の中が静かで穏やかになり、どんどんシンプルになる感覚があったそうです。

そして、今はご自身もお子さんも、何かを成し遂げることが人生で大切なのではなく、心を手放し、無心で、奥にある本当の美しい魂に近づいていくことが大切なのだ、と考えるようになったそうです。

そうしながら、たくさんの愛を、まわりの人に、ものに向けていきたい、と言っています。華やかでなくても、シンプルでも平凡でも、これでいい。未来ではなく、今を味わいながら感謝して生きることができるようになった。そう言うのです。

神様とつながることができると、心と体が浄まり、意識が変化します。こういう変容が起こるのです。

瞑想することで、苦しみが全部溶けて、〝今〟にいるということができるのです。体と心を浄化して、さらに鎮めて空っぽになります。あらゆるしがらみがなくなり、執着がほどけて、常に満ち足りて安心することができるのです。そのためには神様とつながり、そして真理に向かう瞑想をすることが必要です。

私たちは宇宙の源とつながっていると知りましょう

もう少し神様についてお話しします。

この宇宙を創造する力、それはあらゆるところに存在しています。つまり神様は常にそこら中にいらっしゃるのですが、普通に生活しているだけではつながることができません。どうやってそれを信じればよいのかもわからないのです。

そこで古くから人々は、神様の力を体現したいろいろな神像を作り、それを信じてそこから実在の神につながろうとしたのです。

ヒマラヤ秘教の場合、すべての源というのはブラフマンと呼ばれる、至高なる神のことです。英語ではスーパーコンシャスネスとも呼ばれます。

先に見たサンスクリット語のイシュワラも、偉大な神、すべての神々を含む言葉です。それは大いなる神であり、それを宇宙の魂と呼び、そこから人それぞれの個別の魂が分かれて生まれるのです。個別の魂はみな宇宙の魂につながっているのです。

ブラフマンの大いなる魂は、永遠に変わらない存在です。

インドでは、源にあたる大いなるエネルギー、力の象徴が、シヴァ、ヴィシュヌ、ブラフマンの三大神として現されています。

生まれる時の創造のエネルギーがブラフマン、生まれたものを維持していく愛のエネルギーがヴィシュヌ、形あるものを変容させ昇華して、源に還っていくエネルギーがシヴァです。シヴァが〝破壊の神〟と呼ばれることもあるのは、形あるものをゼロにして還していくからです。そしてそれぞれの神様には信奉者がいて、シヴァ派、ヴィシュヌ派などといってそれぞれのグループになっているのです。

このように3つのエネルギーが宇宙の源から生まれ、働きます。そして分裂したり破壊されて消えていったり、また現れ、増殖する、また消えていく、というように創造の展開をしながら動いています。それを現代の科学で言うと、電子、陽子、中間子、さらには原子核などのエネルギーの働きになるわけです。すべての基本にある物質になる源の力です。

さらにヒマラヤ秘教でいう、タマス（暗性）、ラジャス（激性）、サットヴァ（純粋性）という基本のエネルギーの性質があり、それが混在して創造が始まるのです。すべてはそこから展開して、いろいろなものが創造されていくのです。

これらの創造の源のことは、科学が研究をし続け、最近ようやく気づき始めたところです。しかしいまだ源についてわからないので、神の存在を否定するのです。

ヒマラヤ秘教では、今から5000年以上前に、サマディによってそのことに気づいていたのです。どのように宇宙が作られるかについて知っていたのです。

その源のエネルギーにつながって、自分を浄め、信頼し、本質に一体になっていくことで、すべてが変容して知恵をいただき愛をいただき、調和をいただくことができて、楽に生きられるのです。

私たちも宇宙の子であり、私たちの肉体の源に、そういうすべてを生かしている存在がある。そのことに気づき、その存在を実感していくために、源の存在とつながり、それを強め、そこに達して一体になっていくことが、悟るということなのです。

ヒマラヤの教えは神様とつながる方法です

人は普段自信があっても、何かが起こるとパニックになったり、苦境に立たされて針のむしろにいるような気分になることがあるかもしれません。誰にもそうしたことは起こるのです。

大きな失敗をして人から責められたり、交通事故を起こして自分が罪人になるとか、地震で家がつぶれるとか、そうした暗いニュースはいつも新聞やテレビで報じられています。長年のカルマの仕業なのかもしれません。

何が起こっても「これは浄化の姿である」「こうして自分の過去の過ちが消えて浄化できる」「こうして生きているだけでありがたい」「すべてお任せします」という境

地になるためには、神様とつながり神様を信じていく必要があります。

本当に神様とつながるためには、シッダーマスターからのディクシャというエネルギー伝授を受けて、神につなげていただくのです。自分の心を浄化して初めてつながることができます。執着で翻弄されている心でただ神様を思っていても、心の執着から離れることができません。それはマインドを強めることになります。

輪廻の回路から救済され、心から離れて自由になり、心ではなく神につながることができるのがシッダーマスターの祝福であり、ディクシャなのです。瞑想を始める準備が整うのです。そうでないと心にずっとつながって、心に翻弄され、カルマに翻弄され続けるのです。

ですからヒマラヤ秘教のディクシャを受けるのが近道です。体とつながったり心とつながったりしたままで信仰したり、瞑想をしたりしても、神様と一体になるまでに時間がかかってしまうからです。

シッダーマスターからのディクシャは、真摯に本当の幸せを求めていこうとする人に伝えられます。ディクシャはエネルギー伝授であり、スピリチュアルな道の登竜門になります。

ディクシャを受けることで、悪い混乱したエネルギーを引き寄せず、守られて安全に生きていくことができるのです。シッダーマスターによるディクシャの儀式によって神様につながることができます。心身のカルマを浄め、エネルギーのセンターを浄めて、それらの曇りを取り除き、マントラという聖なる波動を伝授します。

マントラとは神様とつながるための聖なる音の波動です。マントラはヒマラヤ聖者が伝えるもので、サンスクリット語で、特別にパワフルです。源に導き、その波動は内側の心を浄めます。脳に大変よい影響を与えます。マントラを唱えると、疑いや緊張などの悪いカルマをほどいて溶かし、本当に自然体の自分になっていくことができます。それがヒマラヤシッダー瞑想です。

ヒマラヤ聖者は、真理を悟っていくためにヨガの八支則を守り、神につながり、源の自己になっていく修行を行い、それを完成させたのです。究極のサマディに達し、神と一体になったのです。悟りを得るために厳しい修行をたくさんしたのです。

サマディに達したマスターをシッダーマスターと言います。その体験は、人を変える力を持つのです。人の意識を高める力を持ちます。その体から、そのまなざしから、その言葉から特別な波動が発せられ、人に力を与え変容に導くのです。それを〝祝福〟と言います。

聖者を信頼して秘法のディクシャを受け、聖なるマントラをいただくほうが、より早く幸せになれるのです。自然にこれらの「ヤマ」「ニヤマ」が実践できます。ディクシャを受けると、すべての源に永遠の存在があり、その源につながっているということ、それと一体になっていくことがわかります。

目には見えないけれど、自分がそこから送られてきて、やがてそこに還っていくのだということがわかります。

私たちは見えない力によって生かされていて、それは自分を守ってくれている存在だということ。その源は神様であり、それこそが尊ぶべき存在であって、とても大切なものなのです。そのことを今、あなたに知らせたいのです。

それがわかると、心の動きひとつひとつに翻弄されることなく、安心し、苦しみを抱えたままではなく楽に生きていくことができるのです。

皆で幸せになるために、あなたから愛を発しましょう

私たちは苦しむために生まれたのでしょうか。これまで書いてきたように、私たちは真の幸せになるために生まれてきたのです。

本来のあなた、つまり魂は傷も曇りもなく輝いています。そして大いなる魂と結ばれています。その魂は常に幸せなのです。

魂を覆って心があり、その心に体験の記憶であるカルマが蓄積されて、曇りとなっているので、奥にある魂が見えにくくなっています。

あなたの魂を輝かせながら生きていくために、この体と心を、皆が幸せになるために使っていきましょう。同時に心の曇りを取り除いていくのです。

自分だけが幸せであればいい、と思っていても本当に幸せにはなれません。まわりの人が幸せになると、自分も幸せになることができるのです。あなたから深い愛を発していくことで、自分のカルマが浄まり、純粋になっていくことができます。あなた

が進化し成長していくことでまわりも幸せにしていけるのです。

今の時代は昔に比べ豊かになりました。ある程度はものを豊かに持ち、よい服を着て、一見みんな外側はとても幸せそうに見えます。第二次世界大戦の終戦後の何もない時、多くの人が汚い服を着ていました。その時から比べると本当に豊かになりました。

しかしものが溢れているから幸せなのかといいますと、いまだ何かが満たされないのです。そんなにいろいろなものに満たされても、いい仕事についても、社会的地位を得ても、何かが満たされないのです。

そこには何かが不足しているのです。最高の会社の社長になっても、芸術を求め、最高の調度品を求め、最高の家に住み、最高の妻や、夫を手に入れ、優秀な子供を持ってもいまだ何かが満たされないのです。

そして巷《ちまた》では、不安や恐れを抱えていたり、信じるもの、規範がひとつもないために、大人も子供も道徳がわからず、さまざまな形の暴力が溢れているのです。

神様から与えられたこの体と心を、驕りと、無知で穢しています。

なかには現代に背を向けている人もいます。現代的なもの、便利なものは一切使わず、山にこもり自然な生活を実践している人もいます。しかし、何もかもを嫌い嫌いと拒否しているだけでは、真理に近づいているとは言えません。

もっと愛に満ち、自分を成長させていける道があるのです。

無意識に無知で穢している体と心、魂の本当の使い方を知りましょう。

何の道具も必要ありません。あなたが気づいていきます。あなたの中に素晴らしい未知の存在、すべてを生かしめている存在があるのです。それは真の自己、アートマンです。その真の自己を覆う体と心があります。あなたは真の自己を尊敬します。目には見えないけれど大いなる源の存在を信じます。そこにはパワーが満ち溢れ、愛があり、光があり、知恵があります。

あなたはそこにつながっているのです。シッダーマスターはそこにガイドしてくれるのです。その祝福によってそこに向かうのです。

今までは心配で生きてきた、不安で生きてきた、暗闇の中で生きてきたかもしれません。しかし、宇宙の源にある存在の光や愛を持って、信頼を持って生きていくことができるのです。

そんなふうに人々が源の存在につながって覚醒し、自己を信じ、さらにそこにつながる大いなる魂、神を信じていきます。そしてよりよいエネルギーが自分の中を満たすように、常に自分を信じて、「ヤマ」「ニヤマ」を心がけ、実践します。新しい、気づきの生き方を学んでいきます。自分の人生がどんどんよりよい方向に導かれていくのです。

そうすることで、もっと愛が大きくなります。調和が広がります。世の中がそのようになっていくのです。あなたは、人がみな幸せになってほしいと、深いところから願っています。あなたにはその力があるのです。新しい生き方をしていきましょう。この体と心を使ってあなたは新しい真の幸せへの旅に出ることができるのです。

社会生活をしながら幸せに、よりクオリティの高い生き方をしていきます。あなたは自分を傷つけ人を傷つけないように、気づきを持って意識を覚醒していくのです。絶対してはいけないことを学びます。人がどうであっても自分を変えていきます。行為を浄めます。目に見える外側をどう浄めるかを学びます。そしてさらに、自分の内側に入っていき、本当の自分を探求します。

心身のカルマが浄まり本質の自分になっていくと、自由で愛に溢れ、平和で、静寂になります。最後に残るのが本当の自分であり、それは源にある神様と一体になっています。

それを現代の生活の中で行えるのが、ヒマラヤ秘教の恩恵なのです。

終章

六道輪廻転生にかかわる行為の気づき

人間は、長い歴史を通していろいろな生命を体験し、進化してやがて人間となり、そして神となります。仏教の教えで六道輪廻があります。六道とは地獄界、餓鬼界、畜生界、修羅界、人間界、それから天上界です。

それは、インドの哲学、ヴェーダの教え、ヒマラヤ秘教の教えがルーツです。そうしたいろいろな生命を体験して計り知れない長い年月を経て進化をしてきたのですが、心の中には今なお体験してきたエネルギーを持っていて、それが優位に働いているのです。

六道輪廻のプロセスで人間のエネルギーをどこまで浄められるのか。いろいろな心の状態により、低い苦しみの世界から高い幸せの世界に人間は住んでいます。

そしてその世界では人間の形をしていても人間になっていないこともあるのです。ヨガの八支則は意識を高め、天上界の人、神様になっていく悟りへの道のガイドです。

人間がさらに天使のようになって苦しまない人になっていく修行ができるということです。それはヒマラヤ聖者の悟りのエネルギーの祝福を受けて、安全に気づきを持って進化できるということです。人は心が見えないので、無意識に行為し、まだまだ進化していません。その世界に住んで、苦しんでいてもそこから脱却するすべがわからないのです。そういう生き方をしています。それが当たり前になっています。

しかし、ヒマラヤ秘教に縁を持つことで、ここから進化して、さらに生まれ変わって素晴らしい人間へと成長していくことができるのです。さて人間の意識のレベルによってどの世界になるのか、仏道では六道輪廻の６つの形態について述べています。

地獄界

地獄界に行くと大変な苦しみを味わうことになります。身もだえをするほどの苦しみ、油がぐらぐらしている中に入れられるような苦しみであるというのです。

それも永遠に続くような長い間そこにいなければならないのです。殺生の罪を犯すとこの地獄におちるということなのです。そうしたことにつながる、怒りや、人への攻撃を慎んでいかなければなりません。

餓鬼界

餓鬼界は食べ物がなく、のどが渇き、飢えて、骨が浮き上がるほど痩せ細って、苦しむ世界なのです。食べたくても食べられないし、飲み物を飲むこともできないのです。

殺生をしてはいないのですが、執着して「欲しい欲しい」と自分のみ抱え込んで分かち合わないケチな人が、餓鬼になって生まれると言われます。

畜生界

畜生界とは、動物や鳥あるいは昆虫に生まれるということです。もしくは性格がそのような動物に似ていたり、体つきが似ている人間についてのことなのです。あるいはそういう性格を持っている人間についてのことです。動物には基本の性格が強く現れています。人間もそうした命を体験してきて、潜在意識にそうしたものを持っているので、それが刺激され、その回路が開発され、現れるのです。

何かのきっかけでトランス状態になり、そうしたカルマが現れる人もいます。そして競争社会の中で、また弱肉強食で、自分より強い生き物に突然襲われて食われてしまう、そうした理不尽な世界なので、常に不安におびえ、恐れが基本にあるのです。

殺生の罪も犯さず、みんなによいことをシェアしたのですが、因縁の法則を知らないので、人に嫉妬して、人の不幸を喜び、人の幸せを妬んだり、愚痴を言う心など持っていると、畜生に生まれ変わってしまうといわれています。

この3つの心を持つことを「三悪道」といい、それは苦しみの激しい世界です。自分の行為でこうしたことになってしまうのです。ですから行為を浄めないとなりません。無意識に小さな悪を行っているのは誰にも言えることです。

人を軽蔑したり、人をいじめたり、あるいは、小さな嘘をついたり、人のものを盗んだり、人のものを欲しがったり、欲を強く持つこと。また自分より持っている人に嫉妬したり、愚痴を言う。こういう心を日ごろ何気なく使っていることがあるかもしれません。

それが継続したままだと、自分をむしばみ苦しみの世界におちてしまうのです。

修羅界

修羅界とは、争い、戦いの激しい世界のことです。修羅場という言葉を聞いたことがあると思いますが、争いやけんかが絶えない荒《すさ》んだ状況を示しています。死んでからそういう世界に行ったり、あるいは心の中が常に葛藤し、怒りを持って戦っているのです。

人間界

人間界とは、苦しみのみでなく楽しみもある世界、私たちの住む世界です。私たちはそこに生きています。この六道の中で、人間に生まれたことで、初めて良心を持ち、悟る可能性が出てきたのです。

神の恵みを受けられるのです。他の人の話を聞いて、進化できるレベルにあるということです。そして悟りの人、仏陀や、シッダーマスターに出会って祝福をいただけるのです。そうして解脱《げだつ》、悟りの可能性が生まれてくるのです。

天上界

天上界とは、六道の中で、喜びが生まれ楽しみの多い世界になります。いまだすべてが喜びではなく迷いもある世界で、悲しみもあり、死もある世界です。そして年を重ねて、楽しみを知ると、そのぶん苦しみを大きく受けるのです。どうしてこんなことになった、とか他を恨んだりします。比較の心があるからです。

このように人は、迷いの世界から少しずつ進化してきたのです。遠い過去から今日まで、生まれ変わってきました。私は何生もの命を生まれ変わったという言葉で表現しましたが、くわしく言うとまさにこういうことなのです。

命の車輪が際限なく同じところを回る、それを輪廻といいます。生まれては死にをずっと繰り返していくのです。そして苦しみ続けるのです。それはカルマによってなされるのです。そのカルマを浄めて、悟り、解脱をするのがヒマラヤ秘教の教えなのです。

あなたの行為を浄めることができるのは人間界のみです。その他の命では、キャラクターとして生まれ、マインドが発達していないので意識を高めるすべがないのです。ただそれを受け入れなければならないのです。そうした低い意識であっても、それがもう染みついているので、苦しみを苦しみと思わないし、心が発達していないから、そうしたあり方を当たり前と思っているのです。

人は意識を進化させ、あなたの中の神聖さを目指すことができ、ただ与えられる人生ではなく自分でデザインできるのです。知恵を持って、愛を持って、生命力を高め、神のように気づいて生きていくことができ、やがて、愛そのもの、平和そのものの神聖な人になっていくことができるのです。それが最高の人間完成なのです。

人は死ぬと、体をおいて浄土に生まれます。浄土往生とも言われます。「極楽往生」とも言われています。ただし、高次元の存在につながって信じ、さらに解脱することが必要です。それはサマディに達することです。

人生の目標は悟ることです。すべての心と体を超えて純粋な人になることなのです。あなたの日常の生きる姿勢がまず大切です。至高なる存在にお任せします。ゆだね、降伏するのです。高次元の存在につながって信じます。そして、またカルマを引きずらないように聖なる波動をいただいて、カルマを浄化していくのです。

神に守られながらよりよい行為をしていきます。よいカルマを積むのです。体の行為と、心の思いと、言葉を浄めるのです。見えない存在を尊敬します。そして目上の人を尊敬します。神を尊敬します。

グルを尊敬します。両親を尊敬するのです。これらが「ヤマ」「ニヤマ」を守って生きる生き方なのです。悟りへの道です。仏教でも悟りの道を説いていますが、生きた仏陀がいないので、弟子から弟子に伝えられる中で、違う形の道になりました。

ヒマラヤ秘教はその源流にあり、今シッダーマスターが道を示しています。人が真に幸せになれる道が、今ここに示されているのです。最も大切なことはシッダーマスターの祝福なのです。それを受けることであなたは真の幸せを獲得することができるのです。

究極のサマディからのエネルギーをいただきながら、自分を浄化して、運命を変えて、最高の人間になる道を歩むことができるのです。そこまでしなくても普通に生きればいいと思うかもしれませんが、人は成長するために生まれてきました。

いい人になりたい、自分の心をコントロールしたい、問題ばかり起きるこの人生を何とかしたい、成功したい、今より幸せになりたい、家族が健康でもっと幸せになりたいと思っていることでしょう。

常に先に対する不安や過去へのこだわりがあります。普通に生きていてそうした問題が解決できるわけではありません。今悟りのマスターからのガイドで、楽に進化していくことができるのです。

あなたの運命が変わり始め、成長できるのです。真理への道といっても、膨大な情報の中で、どこから手をつけていいかわかりません。そんな中で、あなたに必要なことが与えられて楽に生きていくことができるのです。

そうして自然にあなたの意識が進化して成長していくことができます。多くの人は無意識に罪を重ねているのです。他者を攻撃したり、嘘をついたりしているかもしれません。

便利なものや身に着けるもの、持つもの、いろいろなものをかき集めるのに忙しく、「外側のもの」ばかりを作って、それに振り回されて生きています。

生まれて生き、年を取っていく間、どうしてもマインドにとらわれていきます。心は考えこみ、不安になったり寂しがったり、妬んだりします。

そして自分に敵対するものをおとしめたり、暴力をふるったり、あるいは欲望が抑えきれずに盗んだりして、自分を守ろうとします。そういった行為が自分を幸せにすると錯覚しているのです。これはマインドに翻弄されている姿です。本質のあなたが心の奴隷になっているのです。

みな一生懸命に生きてはいるのですが、源つまり神様から与えられた、かけがえのない自分という素晴らしい存在を、無知から汚しているのです。自分の中にゴミを溜めているのです。

真の生き方をヒマラヤ聖者が発見しました。この世界に生きながら、学びます。まず最初にカルマを浄めるのです。よい行為をして、このいただいた体と心をよりよいほうに使って、進化していくのです。カルマの法則を信じます。

神から与えられた素晴らしい体、心、魂を、使い方がわからないままに汚していま す。自分を磨いて、真理を体験していくのです。欲望を満足させていく今の生き方が本当の幸せなのか、と問うて真理を知っていくのです。

心と体の欲を満足させるのではなく、意識を進化させる。心と体の執着を作って汚くするのではなく、きれいにする。

人を助け、まわりと愛を分かち合っていくのです。それぞれを無償の愛で行っていきます。それが心が満ちる生き方です。

つまり、善行をし、ゴミが溜まらないような日々の生き方をしていくのです。

見えない存在を信じます。愛し尊敬します。シッダーマスターを尊敬し愛します。両親を尊敬し愛します。自分を愛し、まわりの人に慈しみの愛を与えます。心と体が穢れないようにしていきます。運命をよくしていくため、いかに生きていくべきかを実践で学んでいくのです。それが人生のガイドです。
それが「ヤマ」と「ニヤマ」なのです。

あとがき

みなさんにヒマラヤ秘教の恩恵、真のヨガの最初のステップ、「ヤマ」「ニヤマ」について、真理のレベルから、メッセージを届けることができました。「ヤマ」「ニヤマ」の教えの真意は、あなたの考え、言葉、行為を正しいものにして、愛を盛りこんだ、美しい生き方をすると、運命がよりよいものに変わっていくということです。

人は一生懸命幸せになろうと頑張って生きています。しかし常に自己防衛をすることで、エゴの葛藤が生じて、それがストレスとなり、暗闇の中でもがき苦しむ生き方をしているのです。そして多くの人はそれが当たり前の状態と思い、人生はこんなものだと思っています。

あなたの本質、本当のあなたは、神と同じクオリティを持った、純粋な存在です。その存在はあなたの奥深く、あなた自身の心と体の源にあります。

しかし多くの人は、自らの光り輝く本質を知ることなく、過去生からずっと何生も何生も生まれ変わり（輪廻転生）、ほんのわずかずつ本質に向かう進化の旅を続けているのです。カルマという行為の記憶を積み重ねて、その苦しみの中で生きています。人はカルマを浄める方法を知りません。暗闇から光に向かっていき、カルマから解放される方法がわからないのです。

この本に書いた教えはヒマラヤ聖者（シッダーマスター）の教えです。その目的はあなたの奥深くにある本質を目覚めさせてそこに還ること、つまり真理を知ることを目指しています。それこそがあなたの人生の本当の願いです。ヒマラヤ聖者は内側から苦しみを溶かし輝かせ、真理に至る道を発見しました。今あなたはこの本を手にして、その教えに直接出会うという奇跡のご縁をいただいたのです。新しい生き方へのきっかけをいただいたのです。それはやがて悟りに向かい真の幸せになる生き方です。この「ヤマ」「ニヤマ」の実践に加えて直接にヒマラヤ聖者のディクシャというエネルギー伝授を受けると、あなたは高次元のエネルギーにシフトすることができて、カルマによる輪廻の渦から救い出されるのです。

ディクシャによる祝福で意識が引き上げられ、執着から解き放たれると、足を引っ張るマイナスのエネルギーが消えます。そして「ヤマ」「ニヤマ」の教えを楽にスムーズに実践することができるようになっていくのです。

こうした教えは他に見ることはできません。そして人生を通して、祝福をいただいて瞑想修行を行い、心と体を浄めながら生きていけます。

ヒマラヤ聖者は心と体を浄化して、死を超えて源と一体となり、そこにとどまり究極のサマディに達し、悟りを得た存在です。ヒマラヤ聖者には人々を変えて、幸せにする力があります。

サマディに達したヒマラヤ聖者の悟りの知恵は、世界の不思議を解明して、人類を目覚めさせ、人類に潤いをもたらしてきました。それは真理を紐解く修行だからです。あなたがこの世に送られてきたのは、真理を知るためです。暗闇から光へ向かう道を歩いていくためです。

ヒマラヤ聖者のディクシャで源につなげていただき、シッダー瞑想秘法の伝授をいただくと、最速で内側が変容します。悟りへの道、光への道を歩き始めることができるのです。祝福で知恵がわき、気づきが増して、ものごとへの執着が外れます。「ヤマ」「ニヤマ」の実践と合わせて秘法を行い、人生をさらに美しいものにしていきます。あなたは「ヤマ」「ニヤマ」の善行を行い、慈愛で人を助けていくのです。

それはよいエネルギーを全身に回し、心と体を浄め輝かせていく生き方です。人を幸せにすること、人が苦しみから救われることは、あなたの魂が喜び輝くことと同じなのです。

ヒマラヤ聖者とのつながりで、アヌグラハという恩寵がいただけ、悟りからの祝福につながり、「ヤマ」「ニヤマ」の教えを実践することで、カルマが溶かされ、心の曇りが取り除かれていくのです。守られながら、意志の力と愛と気づきによって善行していくことができます。

さらにヒマラヤ秘教の恩恵によって、実際に悟りに向かうのです。シッダーマスターの祝福と知恵と秘法で、心身魂を磨いていきます。シッダーマスターの祝福によりプラーナのクリヤ秘法、気づき、さらにマントラの波動で、体の宇宙にあるプラスとマイナス、陰と陽のエネルギーの両方を浄めて調和を図り、さらに超えて源に還ります。右でも左でもない中庸、つまりスシュムナーを開くのです。そうしてあなたは、絶対なる幸せを得ていくことができるのです。

私はヒマラヤ聖者として、あなたにディクシャといわれるエネルギー伝授をし、シッダー瞑想の秘法を伝授することができます。あなたを輪廻転生から救い出すことができます。あなたが幸せになるための支援を惜しみません。

あなたはさらに教えを信頼して、真《ま》っ直《す》ぐに悟りへの道を歩んでいくことができます。あなたは内側から光り輝くことでしょう。そしてまわりも光り輝きます。どこをどう歩いたら、あなたが自分自身を傷つけず、まわりの人も傷つけないのかがわかり、自然にそうできるようになるのです。

素晴らしいヒマラヤ秘教の恩恵を伝えるこの『ヤマ・ニヤマ』という真のヨガの教えを、皆さまにお届けするにあたりご協力いただきました、河出書房新社の千美朝さん、斎藤真知子さん、本当にありがとうございました。

デザイナーの鈴木成一先生と宮本亜由美さんにも心より感謝申し上げます。

皆さまが自分を信じ、また見えない神秘の力があなたの奥深くにあることを信じ、さらに真理の道を歩まれ、絶対なる幸福になるために、あなたが変容することを願っています。あなたが本書『ヤマ・ニヤマ』に書かれた教えの実践で、スーパーマインドを得て、輝く生き方をしていただきたいと思います。

２０１８年６月

ヨグマタ相川圭子

ヒマラヤ秘教用語解説

アーサナ―ヨガの座法、ポーズのこと。アーサナは体のバランスを整え、座って精神統一をしたり、瞑想をするための準備の実践法。日本で行われているいわゆる「ヨガ」は、このアーサナが原型となっている。

アヌグラハ―すべてを創造した至高なる存在を神といい、そこからの恩寵。心身を浄め、パワーを与える神聖な秘密のエネルギー。サマディに達した聖者は真理に出会い、至高なる存在、神と一体となり、目覚めた存在。求める人を至高なる存在につなぐ橋となってアヌグラハを分かち与えることができる。

過去生―私たちの魂、つまり自己は決して死なない永遠の存在。魂を覆う心にはカルマという行為と結果が蓄積されていて、その欲望によって、何度も繰り返して生まれ変わる。このカルマにより計り知れない回数の、生まれる前の生を持っている。それが過去生。カルマは、過去生と、今の人生と、未来の人生を作る。

カルマ―日本語では「業《ごう》」といわれ、行為とその体験の記憶のこと。記憶はアストラル体の中の心の奥深くに刻まれる。この記憶と行為のすべてがカルマ。カルマから欲望が生まれ、行為となる。

サマディ―心と体を浄化し超越し、死を超えて、創造の源の神と一体になること、それを究極のサマディという。人の意識の究極のステージ。究極のサマディの中で真の悟りが起こる。その時、人はすべてから解放され、真理となり、本当の自分になる。そのほか、段階的サマディがある。

サマディマスター―ヒマラヤ聖者であり、真のサマディに達し悟りを得たヨギのこと。シッダーマスターと同じ。〝祝福〟により人々の心身を浄化し意識を進化させる力があり、神につなぐディクシャというエネルギー伝授を授ける存在。

サレンダー—ゆだねる、明け渡す、降伏する。エゴを落として合一する。教えを信頼し、自身の心の働きを超える、本当の自分、魂、神とマスターに真にサレンダーすることができると、祝福がもたらされ悟ることができる。

シッダーマスター—マスターとは精神的指導者のこと。意識を進化させ、神につなぐ橋の役割を果たす。ヒマラヤ聖者の中でも、真のサマディに到達し、悟りを得た（シッダー）ヨギ。サマディマスターとも呼ばれる。

センター—体と心と魂の中心、究極の中心。つまりセンターは創造の源、スーパーコンシャスネスのこと。源から離れた心と体は、カルマが染みついていている。カルマの記憶や思いの苦しみから解放されるために、気づき、浄化して、源つまりセンターに向かう。それが悟りへの道。

ディクシャ—「伝授」という意味。エネルギーの伝授、秘法の伝授など、さまざまなディクシャがある。サマディマスターからの伝授で、人は変容して神につながることができる。瞑想秘法も伝授され、瞑想を始めることができる。

ヒマラヤ聖者—ヒマラヤに住むすべての修行者を「聖者」という。真理を知るために、宇宙の法則に従って正しく生き、タパスという苦行をする。その中で、真のサマディに到達した者をヒマラヤ大聖者という。

プラーナ—日本語でいうと「気」、生命エネルギーのこと。空気中にプラーナがあり、呼吸することで取り入れることができる。目に見えないところで、人間のすべての機能を働かせる生命のエネルギー。

マスター—精神的指導者、グルのこと。特にサマディに到達し、悟りを得たマスターはサマディマスター、シッダーマスターという。知識を与えるということより、〝祝福〟して、カルマを浄化する力があり、信頼の対象となる。

マントラ―日本語の「真言」にあたる。聖なる波動を持つ言葉。シッダーマスターからいただくマントラはサマディの中で発見される特別な力を持つ。幸運招来、癒し、成功、悟りのマントラがある。

ヨグマタジ―「ヨグ」とは「ヨガ」、「ヨガ」とは神、すなわち宇宙、創造の源と結んで一体になること。「マタ」は母。つまりヨグマタとは、「宇宙の母」を意味する。「ジ」は尊称。「宇宙の母」という称号はヒマラヤ聖者からいただいた、私のスピリチュアルネーム。

リトリート―ワークやさまざまな秘法の瞑想を週末の3日間、7日間と集中して修行する私の指導による合宿。アヌグラハで潜在意識に蓄積されたカルマを燃やし、気づき、パワーを充電して、悟りを目指す。生涯のカルマが落ち、生まれ変わり若返り、健康になる。才能が開発され、愛が深まり、本当の自分に出会い、幸せになる。

ワンネス―人には体があり、心があり、感覚がある。すべて内側から見えないエネルギーが発達して、現れてきたもの。瞑想で心と体を浄化して、それを超えてセルフと一体になる。つまり、神と一体になる。そうした純粋な存在やひとつのエネルギーになることをワンネスという。

ヨグマタ相川圭子

あいかわけいこ

女性で史上初、「究極のサマディ(悟り)」に達したインド政府公認のシッダーマスター(サマディヨギ/ヒマラヤ大聖者)。現在、会うことのできる世界でたった2人のシッダーマスターのうちのひとり。仏教やキリスト教の源流である5000年の伝統を持つヒマラヤ秘教の正統な継承者。1986年、伝説の大聖者ハリババジに邂逅。毎年ヒマラヤの秘境で修行し、死を超え、そこに何日間もとどまる最終段階のサマディを成就し究極の真理を悟る。神我一如、最終解脱をはたす。1991～2007年、計18回インド各地で世界平和と愛をシェアするための公開サマディを行う。2007年、精神指導者の最高の称号「マハ・マンダレシュワリ(大僧正)」を授かる。日本にて30代から約40年にわたり、読売、朝日、NHKのカルチャーセンターなどでヨガ教室を指導・監修、および真の生き方を講演する。ヒマラヤディクシャを伝授し、ヒマラヤ瞑想の伝授と研修、合宿を行う。欧米でも同様に行う。2016年6月と10月、2017年5月に国連の各種平和のイベントで、主賓としてスピーチをする。著書は、『ヒマラヤ大聖者の心の曇りをとる瞑想』(宝島社)、『ヒマラヤ大聖者 慈愛の力 奇跡の力』(さくら舎)、『夢をかなえる小さな習慣』(大和書房)、『八正道』、『ヒマラヤ聖者の太陽になる言葉』(ともに河出書房新社)、『The Road to Enlightenment: Finding The Way Through Yoga Teachings and Meditation』(Kodansha USA)など多数。2017年4月よりTBSラジオにて生き方を語る。

問い合わせ先

ヨグマタ相川圭子主宰 サイエンス・オブ・エンライトメント

TEL: 03-5773-9875(平日10時～20時)

FAX: 03-3710-2016 (24時間受付)

ヨグマタ相川圭子公式ホームページ http://www.science.ne.jp/

ヤマ・ニヤマ

ヒマラヤ聖者が説く
スーパーマインドになる10の教え

2018年7月30日　初版発行
2018年9月20日　2刷発行

著者
相川圭子

ブックデザイン
鈴木成一デザイン室

構成
斎藤真知子

発行者
小野寺優

発行所
株式会社河出書房新社
〒151-0051 東京都渋谷区千駄ヶ谷2-32-2
電話
03-3404-1201（営業）
03-3404-8611（編集）
http://www.kawade.co.jp/

組版
KAWADE DTP WORKS

印刷・製本
図書印刷株式会社

Printed in Japan　ISBN978-4-309-02710-4
落丁本・乱丁本はお取り替えいたします。

河出書房新社

ヨグマタ相川圭子の本

ヒマラヤ聖者の太陽になる言葉

あなたを最高に幸せにする本！
世界でたった2人のシッダーマスターが伝える
5000年の時空を超えたヒマラヤ秘教の叡智。

あなたは答えを知っている

あなたの深い願いに、純粋な存在からの愛がこたえる。
気づきが生まれ、幸せが満ちてくる。深く、やさしく、圧倒的なパワーが、魂に届く。

八正道

不安がなくなり、希望に満ちる。生きる力が湧いてくる。
すべての悩みを永久に解決するブッダの教え。
人生という航海でどんな荒波にもまれようと揺らがなくなる羅針盤。